図解＋（プラス）設例でわかる

金融商品会計入門

岩崎　勇　著

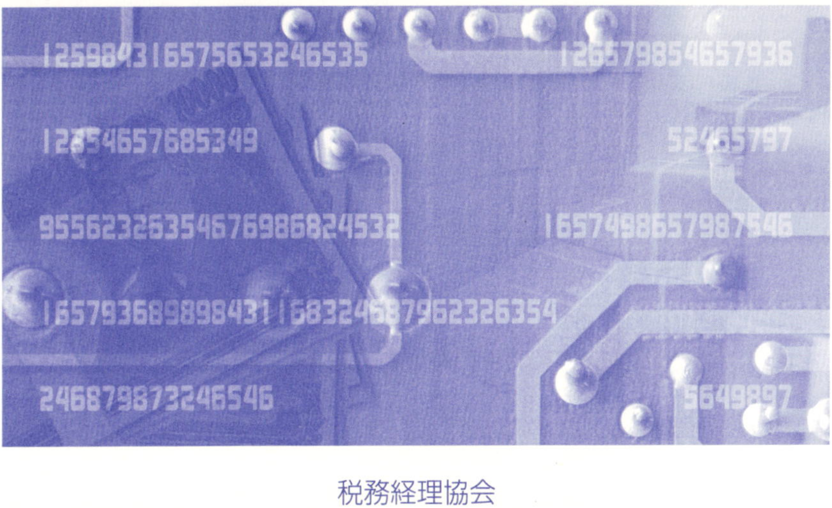

税務経理協会

はしがき

バブル崩壊後の長びく平成不況を克服するために，20世紀末において日本もやっとビッグ・バン（big bang：金融大改革）に向けて進み始めた。米国に遅れること約20年，英国に遅れること約10年である。このビッグ・バンの開始とともに金融関係だけではなく，各産業分野に非常に大きな影響が現れている。そして，日本の文化や日本人の思考そのものにも大きな衝撃を与えている。さらに，このビッグ・バンの影響は会計にも及び，会計ビッグ・バンという造語まで生み出した。

会計ビッグ・バンの中心は，何といっても個別情報中心主義から連結情報中心主義への大転換，原価主義会計から一部の金融商品などについての時価評価の導入に伴う混合測定主義会計への移行，主要財務諸表の一つとしての連結キャッシュ・フロー計算書の導入，新しい形での年金会計の導入，税効果会計の全面適用の５点であろう。これらは，単なる会計上の問題にとどまらず，会計を行う企業そして企業経営ひいては日本経済および日本人の思考・行動様式などにまで重大な影響を及ぼしている。

この会計ビッグ・バンは，会計の国際的調和化の促進という観点から進められてきており，特に国際会計基準（IAS）との調和化という側面が強くなってきている。その背景は，いうまでもなく証券監督者国際機構（IOSCO）が2000年にIASを国際資本市場で使用することを承認し，これが現実のものとなるのも時間の問題となっているからである。

このような背景の下に，会計ビッグ・バンの中心の一つである時価評価の導入された金融商品会計について，その理論と処理を解説するのが本書である。

この金融商品会計について，本書は次のような特色をもって書かれている。

① 本書は単なる金融商品に関する会計処理だけでなく，その背景となる理論も明示している。

② 本書の内容は，あくまでも基本的なものを体系的に網羅したものである。

③ 本書は，読者が使いやすいように，重要な用語などについては太字を用いたり，難しいと思われる用語にはルビをふるなどの配慮をした。

④ 本書は，体系的な理解ができるように，図解を多用している。

⑤ 本書は，具体的な処理ができるように，設例を用いている。

⑥ 本書は，大学生や社会人が金融商品会計を容易に理解できるように，できるだけ平易に書かれている。

⑦ 本書は，難しいと思われる用語について用語解説を入れている。

ただ，筆者の浅学非才のために不十分な点が多々あると思われる。この点については，先学諸賢の方々の温かい御指導・御教示をお願い申し上げる次第である。

本書を刊行することができたのは，明治大学大学院のときから常に変わらぬ温かいお気持ちで見守り，御指導を頂いた恩師元明治大学教授嶌村剛雄博士をはじめとする諸先生方の御高配の賜であると深く感謝している。そして，原稿執筆中に何度もお茶を運んできてくれた妻晴子の励ましと，原稿書きで疲れた頭をリフレッシュするために散歩に出かける私に，“bird！ bird！”と小鳥を指差しながらヨチヨチ歩きでついてくる長男靖と，楽しそうにしっぽを振りながら歩き回る愛犬ヌーヌーのおかげでもある。さらに，本書の出版に際しては，その企画・編集・校正さらに上梓まで，常に督励され，大変お世話を頂戴した編集部の川松和夫氏，定岡久雄氏，木内鉄也氏に心からお礼を申し上げたい。

……新世紀への新しい希望を胸に秘め，
厳しい寒さに耐え，ほのかな薫りを
漂わせている窓辺の純白の日本水仙
(narcissus) の花を愛でつつ……
横浜　三ツ沢公園にて

2001年１月吉日

著　者

〔凡　例〕

意見書……金融商品に係る会計基準の設定に関する意見書
（1999年１月22日）

基　準……金融商品に係る会計基準
（1999年１月22日）

注　解……金融商品に係る会計基準注解
（1999年１月22日）

（実務）指針……金融商品会計に関する実務指針
（中間報告）（2000年１月31日）

B/S ……Balance Sheet（貸借対照表）

P/L ……Profit and Loss Statement（損益計算書）

CF ……Cash Flow（キャッシュ・フロー：現金収支）

目　　次

第２編　金融商品会計の基礎知識

第３編　金融資産・負債の会計処理

第4編　ヘッジ会計

第５編　複合金融商品

第1編

会計ビッグ・バンと金融商品会計

第１章　会計ビッグ・バン

第２章　会計ビッグ・バンの基本思考

第３章　会計ビッグ・バンの内容（概要）

第４章　会計ビッグ・バンと金融商品会計

第１章　会計ビッグ・バン

1　会計ビッグ・バンの意義

20世紀末の長引く平成不況を克服するための中心的な対策の一つとして**ビッグ・バン**（big bang：本来は宇宙の大爆発のことで，通常，**金融大改革**の意味で使用）がなされた。この一環として会計の大改革（いわゆる**会計ビッグ・バン**）も行われた。

ここでの**会計ビッグ・バン**とは，日本の従来のローカル・ルール（local rule：地方のルール）ないしローカル・ラングウィジ（local language：地方言語）である原価主義会計（すなわち資産と費用を取得原価を基礎にして計上し，収益は実現したときに計上する会計のこと）による規制ないししばりを緩和し，グローバル・ルール（global rule：世界（的に共通の）ルール）ないしグローバル・ラングウィジ（global language：世界（の共通）言語）である一部の資産負債に**時価評価**（その時々の価格や価値で評価していくもの）を認めるという**混合測定主義会計**（資産負債の原価評価を中心としながらも，一定の資産負債，特に金融資産負債について時価で評価を行うもの）へ移行することや，**個別情報中心主義**から**連結情報中心主義**へ移行することによって，国際的な会計制度の流れに合わせて，日本の会計を国際化（**会計の国際化**ないし**国際的調和化**）することを指している。

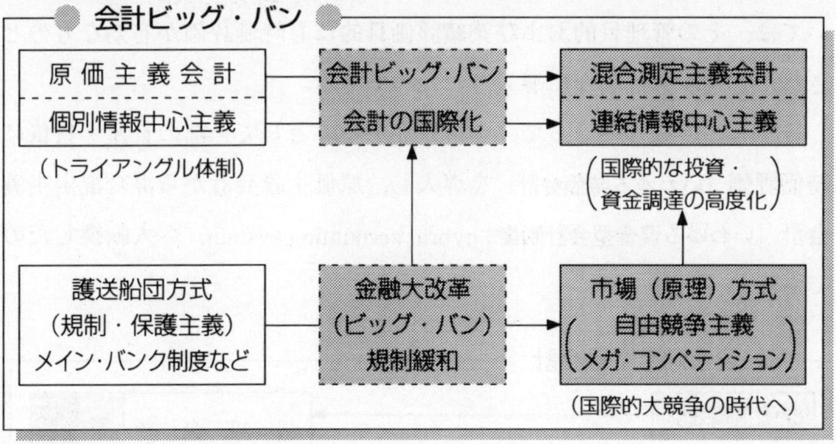

2　混合測定主義会計への転換理由

このような混合測定主義会計への大転換の背景には，1980年代後半からの米英を中心とする**デリバティブ**（derivative financial instrument：**金融派生商品**）として知られる新しい金融商品の登場とその急速な成長がある。この金融商品は，既存の商品や有形固定資産などの事業用資産と全く異なった性質をもっており，これを管理するのに，従来の原価評価では全くその手段となり得ず，時価評価による管理を要求した。さらに，その業績の評価も，従来の販売を条件とするような実現主義では全く有効に機能せずに，販売を待たずに時価の上昇（下落）だけで損益を計上することを要求した。この理由は，典型的な金融商品にあっては，いつでも売ろうと思えば，その時の価格（時価）で売却できるからである。

このように，金融商品の急成長を背景として，それが経済活動において実物経済よりも大きくなると，もはやその存在を無視し続けることはできない段階になった。そして，これに対処するために，金融商品については，その管理目的および業績評価目的にも時価評価が有効なものとされ，それが会計制度に導入されたのである。

日本もこの流れに沿って，金融商品を中心として一部の資産・負債に**時価評価**（いわゆる**時価会計**）を導入し，原価主義会計から混合混定主義会計（いわゆる**混合型会計制度**：hybrid（ハイブリッド） accounting system）へ大転換したのである。

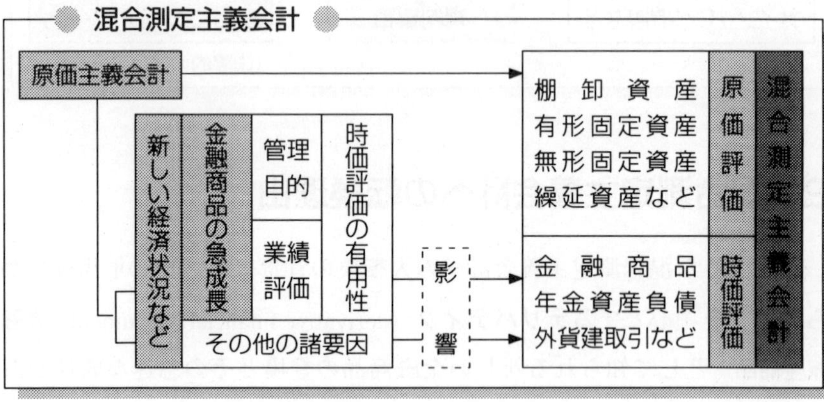

第２章　会計ビッグ・バンの基本思考

次に，会計ビッグ・バンの基本思考についてみていくことにする。これについては，次のようなものが考えられる。

◎ 会計ビッグ・バンの基本思考 ◎

会計ビッグ・バンの基本思考	
	①国際会計基準（ＩＡＳ）との調和化
	②意思決定有用性アプローチ
	③資産負債中心観
	④時価評価の導入（混合測定主義会計）
	⑤連結情報中心主義など

1　国際会計基準（IAS）との調和化

国際会計基準（**IAS**：International Accounting Standards）は，世界各国の公認会計士協会が中心となって1973年に設立された民間団体（private sector）である**国際会計基準委員会**（**IASC**：IAS Committee）により設定・公表された会計基準であり，従来は公的な強制力が全くないことから，あまり脚光を浴びなかった。

しかし，1980年代の証券市場のグローバリゼーション（globalization）に対応すべく，1986年に各国の証券市場規制当局（たとえば，日本の大蔵省や米国のSECなど）をメンバーとして設立された**証券監督者国際機構**（**IOSCO**：International Organization of Securities Commissions）が87年に

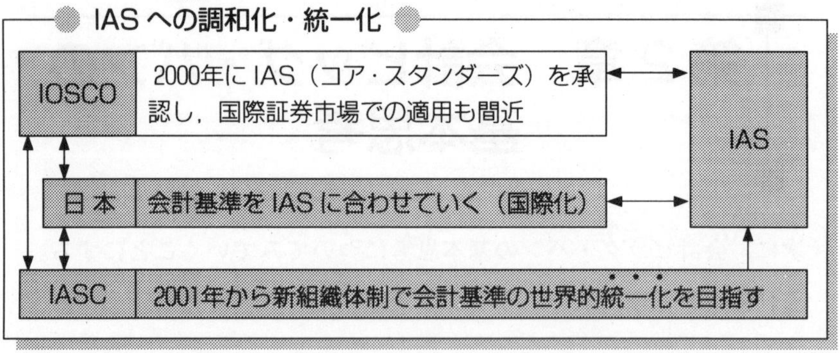

IASCの諮問委員会のメンバーとなり，この公的団体（public sector）であるIOSCOが，質が高く比較可能性のある包括的な**コア・スタンダーズ**（core standards）の作成を条件として，国際証券市場でIASの適用を承認することとした。

これによって，海外での資金調達や上場のためにIASによる財務諸表の作成が現実味を帯びてきた。その結果，IASが急速に脚光を浴びるようになったのである。

そして，この目標を達成するために，IASCは，89年に公開草案第32号「財務諸表の比較可能性」と「財務諸表の作成表示に関する枠組み」（いわゆる**概念的枠組み**：conceptual framework）を公表し，さらにこれらに沿った形で，コア・スタンダーズの形成を目指し積極的に努力をし，2000年にIAS第40号「投資不動産の会計」をもってこれが完成し，IASCもこれを支持（承認）したのである。これにより，IASが国際証券市場で現実に適用されるのも時間の問題となってきている。

このような世界的な流れに対応して，会計の国際的な調和化を達成すべく，今回の一連の会計制度の改革がなされているのである。ただし，IASC自体の2001年に開始した新しい組織の下では，もはや国際的な**調**

和化（harmonization）**ではなく，リエゾン関係**（liaison relationship：IASCで決定したIASの内容を各国の会計基準に反映させなければならないもの）によって**convergence**（コンバージェンス）（収斂（しゅうれん））という表現での**統一化**（uniformity or standardization）に，既に**大転換**していることに注意が必要である。

2　意思決定有用性アプローチ

今回の会計ビッグ・バンの**基本視点はマーケット（市場）**，特に**証券市場**にあり，そこでの売手や買手に向けられている。この市場が効率的に機能するために，会計情報の提供ということが求められているのである。つまり，ここでの**会計の基本目的**は，マーケットの参加者である投資家が彼らの経済的（より限定していえば，投資）意思決定を行う際に，有用な企業（集団）についての業績・財政状態，キャッシュ・フローの状況に関する情報を提供することである，と考えている。

このアプローチを**意思決定有用性アプローチ**（decision-usefulness approach）という。これは，従来の**受託責任アプローチ**（stewardship approach：受託者が資本の委託者に対する受託責任を解除するために会計が遂行されるというアプローチ）に対峙（たいじ）するものである。

意思決定有用性アプローチ

受託責任アプローチ（従来）	→	意思決定有用性アプローチ（今日）
受託責任を解除するために行われる会計		意思決定のために有用な情報の提供
情報作成者側に視点（受託責任）		情報利用者側に視点（マーケット）

3　資産負債中心観

IAS，英国，米国などで使用されている**利益観**（view of earnings：利益をどのようなものとみるのかという考え方）は，伝統的な**収益費用中心観**（revenue and expense view：REV：利益をフロー概念である収益に費用を対応させて計算するとみて，収益費用から財務諸表の構成要素の定義をするもの）ではなくて，**資産負債中心観**（asset and liability view：ALV：利益をストック概念である資産から負債を差引いて計算した純資産の増加額とみて，資産負債から財務諸表の構成要素の定義をするもの）である。

この利益観による場合には，資産には**経済的資源**（economic resources）が，そして負債にはその引渡義務が該当することになり，資産負債の測定属性（たとえば，原価か時価かなど）の決定とその変動の測定が基本的認識・測定プロセスとなる。

この観点からすれば，時価評価が少なくとも一部の資産負債に導入される可能性がある。

利益観の同異点

摘　要		収益費用中心観	資産負債中心観	静態的財産法（参考）
(1) 相	①利益の捉え方	一定期間における企業業績の測定値（経営効率の尺度）	一定期間における富の変動の測定値	一定期間における富の変動の測定値
	②キー概念	収益，費用	資産，負債	積極財産，消極財産
	③測定対象	フローの総額	ストックの（期中）変動	ストックの（期首・期末）在高

違	④利　益	収益と費用の差額	資産負債の変動（の結果としての純資産の変動）額	純財産の在高の差額
	⑤基本的認識・測定プロセス	収益費用の認識時点の調整（実現・対応概念を重視）	資産負債の測定属性の決定とその変動の測定	期末における実地棚卸とその時価の測定
点	⑥資産負債	収支の未解決項目（資源以外もB/S計上される）	経済的資源・その引渡義務	財産・法的義務
	⑦基本的測定基礎*1	収支を基礎として測定	収支または時価を基礎として測定	期末売却時価
(2)共通点	①計算方法	期間計算法*2		2時点比較法
	②計算要素	収益，費用，資産，負債，資本（持分）		期首・期末純財産
	③複式簿記	採用（前提）		不採用
	④B/Sの作成法	誘導法		棚卸法
	⑤主要な財務諸表	損益計算書，貸借対照表		貸借対照表
	⑥連繋・非連繋	連繋観		—
	⑦会計目的	期間損益計算を主目的とする計算体系		財産計算

＊1　各々の利益観と測定基礎の間には，直接的な関連はない。ここでは，代表的なものを示しているに過ぎない。

＊2　資産負債中心観の利益計算方法は，期中変動累積法（期中の資産負債の変動の累積的な結果としての純資産の増減額を計算する方法）である。

4　時価評価の導入（混合測定主義会計）

今回の会計ビッグ・バンの最大の問題の一つが，一部の資産負債，特に金融商品関係のものの時価評価（いわゆる**時価会計**：一定の資産負債を時価で評価する会計のこと）と，それに伴う評価損益の計上の問題である。

これによって，従来の原価主義会計の枠組みが崩れ，IAS，米国，英国などと同様に，本格的な混合測定主義会計（これは，**原価主義会計**でも**時価主義会計**（典型的には，資本維持目的のために，資産や費用を包括的に時価評価するもの）でも**ない**ことに注意が必要である）が導入されることとなった。

混合測定主義会計

摘　要	原価主義会計	混合測定主義会計	時価主義会計
背　景	高インフレーションでない，製造業中心など	金融商品の急成長など	インフレーションなど
資本維持	名目資本維持	名目資本維持	実質(実体)資本維持
資産費用評　価	原価	一部原価，一部時価（なお，費用は原価評価）	基本的に時価
保有利得の計上	しない（実現主義）	一部する(金融資産など) 一部しない(事業用資産など)	利益ではなく，資本修正とする

5　連結情報中心主義

今回の会計ビッグ・バンのもう一つの中心問題は，**企業内容の開示(disclosure)制度**における従来の**個別情報中心主義**から**連結情報中心主義**への大転換である。

すなわち，世界的な金融・証券市場をみてみると，そこでの**グローバル・スタンダード**（global standard：**世界標準**）は，個別企業ではなく，企業集団（グループ）における財務情報を提供する連結情報中心主義になっており，これに基づいて投資・与信・企業経営などの意思決定が行われているのである。

今回，このようなグローバル・スタンダードに，日本も合わせたのである。これにより，日本企業への投資などが，より活発に行われるという長所がある。

なお，この問題は単なる会計問題にとどまらず，**個別会計**をベースとした**個別（企業）経営**から，**連結会計**をベースとした**連結経営**へと大転換させるという非常に大きなインパクトのある問題である。

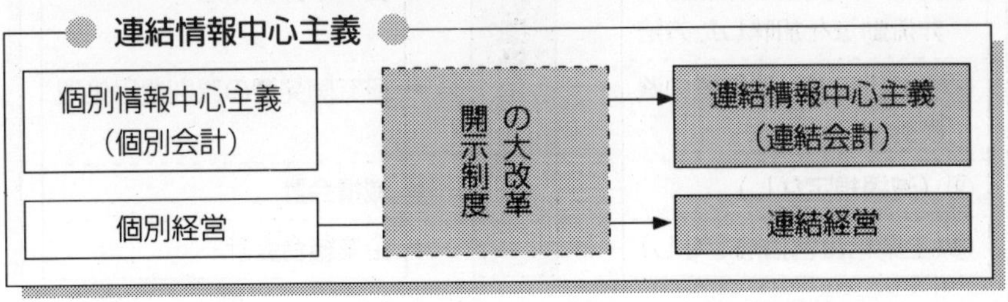

第３章　会計ビッグ・バンの内容（概要）

会計ビッグ・バンとして20世紀末から21世紀にかけてなされた主要な事項には，具体的には次のようなものがある。

会計ビッグ・バンの概要

従　来	会計ビッグ・バン（会計の国際化）	新制度
①原価主義会計	→	混合測定主義会計
②個別情報中心主義	→	連結情報中心主義
③（個別）資金収支表	→	連結キャッシュ・フロー計算書
④納税額方式	→	税効果会計
⑤有価証券などの原価評価	→	有価証券などの時価評価
⑥年金掛金の費用処理	→	年金資産負債の時価評価
⑦貨幣・非貨幣法に流動・非流動法を加味した方法	→	貨幣・非貨幣法
⑧試験研究費・開発費の資産計上	→	研究開発費の原則費用処理
⑨（減損規定なし）	→	減損会計
⑩（企業結合包括規定なし）	→	企業結合会計

1　混合測定主義会計への転換

前述のように，会計上の最も大きな全体的な**計算構造**（どのように利益（ないし会計）計算を行うかという構造のこと）的な変革としては，従来の**原価・実現主義**（資産や費用は原価を基礎として評価し，収益は実現したときに計上することにより，未実現利益の計上を排除しようという会計のこと）を後退ないし緩和させ，一部の資産負債（たとえば，（売買目的）有価証券やデリバティブなど）に，**時価・発生主義**（資産などの評価を時価で行うとともに，それに伴って収益認識に発生主義の原則を適用し未実現利益（ただし，実現主義の原則で説明する理論もある）の計上を行うもの）を導入したことである。

これに伴って，会計の全体的な枠組みが原価主義会計から混合測定主義会計へ転換した。

2　連結情報中心主義への転換

企業内容の開示制度の全体的な大改革としては，前述のように，個別情報中心主義から連結情報中心主義への転換がある。

これにより，会計上の開示制度が変化するとともに，企業経営も連結経営をすることが余儀（よぎ）なくされ，日本の経営・経済に重大な影響が現れつつある。

● 証券取引法上の開示制度 ●

摘要	旧制度	新制度
制度	個別情報中心主義	連結情報中心主義
会計	個別会計重視	連結会計重視
順序	個別→連結	連結→個別
内容	個別重視	連結重視 個別の簡素化
資金計算書	（個別）資金収支表	連結キャッシュ・フロー計算書
（経営）	（個別経営）	（連結経営）

3　連結キャッシュ・フロー計算書の導入

いわゆる**資金計算書**（資金の収支や残高についての計算書のこと）について，従来においては，個別の**資金収支表**が，監査の不要な補足的な計算書として作成されていた。これに代わって新制度では，主要財務諸表の一つで監査対象となるものとして，**連結キャッシュ・フロー計算書**が作成されることとなった。

● 資金計算書 ●

摘要	旧制度	新制度
名称	資金収支表	連結キャッシュ・フロー計算書
個別・連結	個別	連結
位置づけ	補足的な計算書	主要財務諸表
監査	不要	必要

4　税効果会計の全面適用

従来においては，税金の処理に関しては**納税額方式**（税法規定に従って計算した納税額を税引前利益から控除する方式のこと）が原則とされ，**税効果会計**（税引前利益に対して会計上あるべき税額を控除する方式のこと）は，例外的に連結上，任意適用という形でのみ規定されていた。

これに対して新制度では，証券取引法上，**連結**のみならず**個別会計**においても，しかも**強制適用**という形で**全面適用**されることになった（ただし，**商法上は任意適用**である）。

法人税等の取扱い

摘　　要	旧　制　度	新　制　度
①原　　則	納税額方式	税効果会計
②例　　外	税効果会計	—
③証券取引法上の取扱い	税効果会計は連結会計でのみ任意適用	税効果会計は連結・個別会計で強制適用
④商法上の取扱い	税効果会計は不適用	税効果会計は任意適用

5　有価証券・デリバティブの時価評価

売買目的有価証券やデリバティブについては，時価評価がなされ，評価損益は当期の損益に計上されることとなった（詳しくは，後述（第4章）を参照されたい）。

6　新しい年金会計の導入

従来においては，**退職年金**と**退職（一時）金**とは**別々に処理**されてきた。すなわち，**年金**については，それに備えて外部に管理・運用を委託している場合には，その**掛金**を**費用処理**するだけであり，また，**退職（一時）金**については，多くの企業が税法規定に従って**退職給与引当金**を計上し，その**繰入額を費用処理**するのみであった。

これに対して新制度では，これらを統一的に労働債務の問題としてとらえ，**退職給付引当金**として処理している。すなわち，新制度では，年金資産負債を時価評価し，会計上の必要額を計上していくというように変更された。

このように，単なる費用処理や引当計上にとどまらず，時価で年金負債を評価することによって，巨額の積立不足額が表面化している。これにより従来の**確定給付型年金制度**から，企業にとっては負担が軽いが，従業員にとってはリスクの高い**確定拠出型年金制度**へ移行する企業も現れつつある。

これも，会計制度の変化が経営や経済を変えていく事例の一つであろう。

新しい年金制度での計算の考え方

① 各人の将来の退職給付の見積（退職給付見込額）

② ①のうち当期末までの既発生分の計算（既発生額）

③ ②の現在価値への割引（割引現在価値額）

④ ③の各人の金額の合計（③の合計額）

⑤ 外部積立ての年金資産の時価評価（年金資産時価評価額）

⑥ ④から⑤の控除（退職給付引当金の期末必要額）

⑦ 前期末退職給付引当金額

⑧ ⑥から⑦の金額の控除（同上の期末引当額）

〔計算順序の図解〕

（前提）1．社員は１人のみ（④合計）

2．予測給付債務（ＰＢＯ）法による

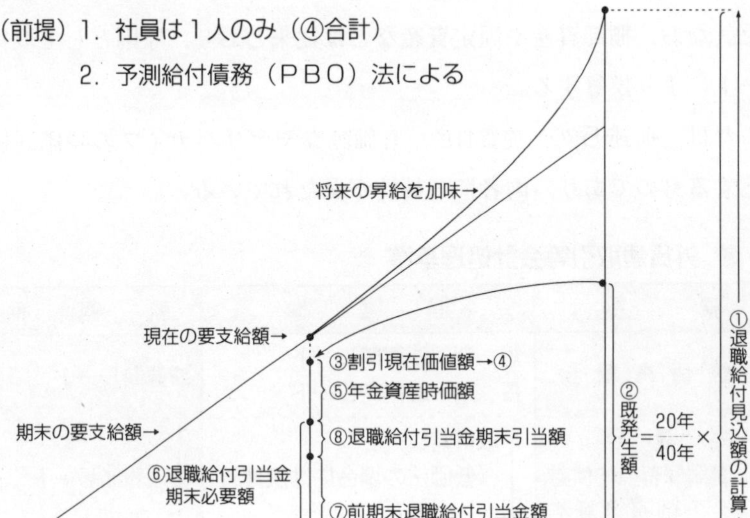

7　外貨建取引等の処理

従来の外貨建取引等会計処理基準では，外貨建資産負債の換算について**貨幣・非貨幣法**（貨幣性資産負債については決算時レート，非貨幣性資産については取得時レートを使用して換算する方法）**に流動・非流動法**（流動資産負債は決算時レート，非流動資産負債については取得時レートで換算する方法）**を加味した方法**を採用してきた。

これに対して，新制度では，**貨幣・非貨幣法**に転換し，子会社株式等についてのみ取得時レートを採用する以外は，金銭債権債務・有価証券・デリバティブについてすべて決算時レートにより換算するように変更された。なお，棚卸資産や固定資産などは従来どおり，原則として取得時レートにより換算する。

これは，前述**5**の（売買目的）有価証券やデリバティブの時価評価に対応するものであり，両者に一貫性が保たれている。

外貨建取引等会計処理基準

摘要		旧基準	新基準
金銭債権債務		短期：決算時レート 長期：取得時レート	決算時レート
有価証券	売買目的 満期保有目的債券 その他有価証券	取得時レート（低価法の場合には決算時レート）	決算時レート
	子会社株式等		取得時レート
デリバティブ		—	決算時レート
棚卸資産		原則：取得時レート	原則：取得時レート
固定資産		取得時レート	取得時レート

8　研究開発費の費用処理

従来，試験研究費や開発費は，繰延資産として計上することができた。

新制度では，少なくとも証券取引法上，新しい**研究開発費**の定義に該当するものは（一部のソフトウェアの開発費を除き）**すべて費用処理**することになった。なお，新しい研究開発費の定義に当てはまらない開発費部分は，なお繰延資産として計上できる。また，商法上は，まだ試験研究費や開発費が計上できる規定が残っている。

第４章　会計ビッグ・バンと金融商品会計

前述のように，会計ビッグ・バンの中心の一つが**時価評価の導入**とそれに伴う**混合測定主義会計への大転換**である。

この**背景**としては，既に述べたように種々の要因があるが，最も大きな要因をあえて単純化すれば，①**金融商品の急速な成長**とそれに伴う**会計理論の変化**および② IAS を中心とする**会計基準の国際的な調和化・統一化**が挙げられよう。

金融商品の時価評価と簡単によく新聞や本などで言われるけれども，それを厳密に検討していくと，現行制度では**部分時価評価**にとどまっており,**全面時価評価**には到ってい**ない**ことに注意が必要である。しかし，**JWG**（ジェイ・ダブリュ・ジー）(Joint Working Group：主要９か国が参加する会計基準の素案を作成している団体）が2000年12月に公表した案「金融商品及び類似項目：基準案と結論の基礎」では，金融商品（のみ）については全面時価評価法も提案されており，将来的にこの方向に進む可能性もかなり高いと予想されている。

このような国際的状況の下にあるとはいえ,少なくとも日本基準では,別表に示すように，やっと売買目的有価証券やデリバティブに時価評価が導入され，その評価損益が当期の損益に計上されることとなってはいるものの，他のものについては，未だ原価評価や償却原価法の適用もみられるのが現状である。

日本の金融資産負債の評価基準

分類				貸借対照表価額	評価差額など
金銭債権				原価法ないし償却原価法*1	当期損益
有価証券	市場価格	有	売買目的有価証券	時価法	当期損益
			満期保有目的債券	原価法ないし償却原価法	当期損益
			子会社・関連会社株式	原価法	—
			その他有価証券	時価法	税効果調整後資本直入*2
		無	市場価格のない有価証券	原価法ないし償却原価法*1	当期損益
運用目的の金銭の信託など				時価法	当期損益
デリバティブ取引				時価法	当期損益
金銭債務（社債以外）				債務額	—
社債				社債金額*3	—

＊1　取得原価から貸倒引当金を控除する。
＊2　全部資本直入法と部分資本直入法とがある。
＊3　割引発行では，社債発行差金を計上して償却（定額法）する。

参　考　金融商品会計の日本の現状とJWG案

金融商品の種類	日本		JWG案	
	評価基準	評価差額の処理	評価基準	評価差額の処理
満期保有の債券	原価／償却原価	—	時価	損益に反映
売買目的の有価証券	時価	損益に反映		
持合株式	時価※	資本の部に直接計上		
ヘッジ目的のデリバティブ	対象外	—		
借入金，社債などの金融負債	原価	—		

（注）※は2002年３月期から実施
〔出所：日本経済新聞2000年12月14日朝刊〕

第2編 金融商品会計の基礎知識

第1章　金融商品等の意義

1　金融商品の意義

金融商品（financial instrument：FI）とは，次のような**契約**のことである（指針3）。

①　一方の企業に**金融資産**を生じさせ，他の企業に**金融負債**を生じさせる契約，ないし，

②　一方の企業に**持分請求権**を生じさせ，他の企業に対して，これに対する**義務**を生じさせる契約

前者①の例としては，貸付金や借入金，受取手形や支払手形などがある。

金融商品*

金融商品	①金融資産取引に係る契約
	②金融負債取引に係る契約
	③デリバティブ取引に係る契約

＊意見書では，これらに係る契約を総称して，金融商品としている。

ここでの企業

（広義の）企業	①個人（企業）	
	②パートナーシップ	（狭義の）企業
	③法人（企業）	（狭義の）企業
	④政府機関など	

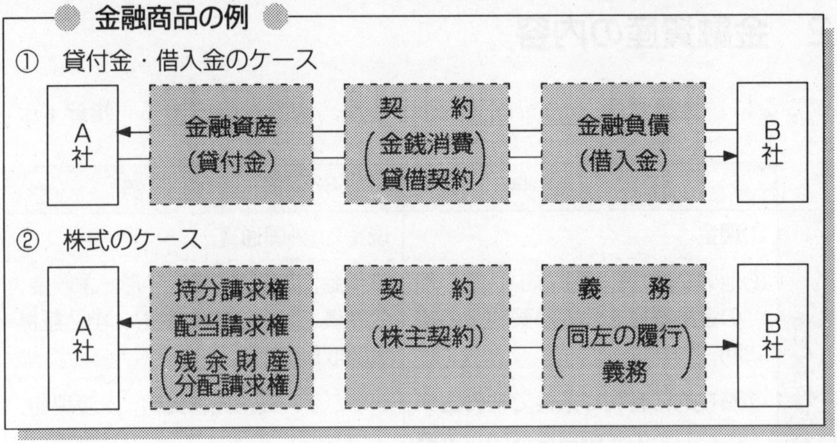

また，後者②の例としては，株式やその他の持分証券がある。

なお，**持分**（equity）とは，株主持分のことであり，企業の総資産から総負債を控除した残余財産のことであり，日本では資本（capital）に相当する用語である。また，**持分請求権**とは，持分に対する請求権のことである。

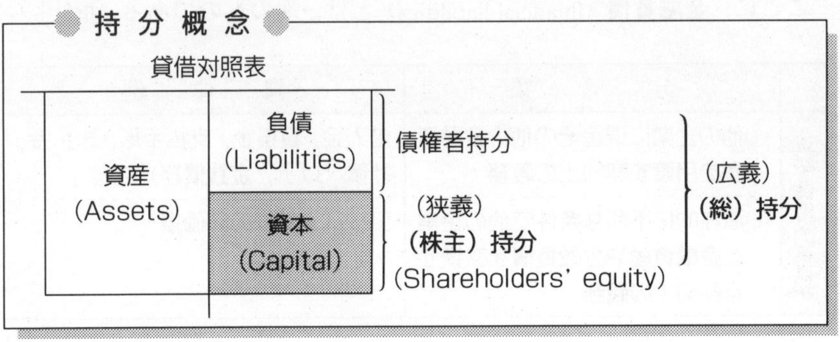

2　金融資産の内容

ここに，**金融資産**（financial assets）とは，次のものである（指針4）。

	分　　類	具　体　例
金融資産の種類	①現金	現金*，外国通貨
	②他の企業から**現金**ないしその他の**金融資産**を受取る契約上の**権利**	貸付金，売掛金，受取手形，未収金，公社債（以上，**金銭債権**），申込証拠金領収証など
	③潜在的に**有利な条件**で他の企業とこれらの**金融資産**ないし**金融負債**を**交換**する契約上の**権利**	デリバティブ（先物契約，先渡契約，スワップ，オプション）の評価益
	④他の企業の**株式**その他の**出資証券**	株式，出資証券（以上，**有価証券**）など

＊現金は契約ではない。

3　金融負債の内容

ここに，**金融負債**（financial liabilities）とは，次のものである（指針5）。

	分　　類	具　体　例
金融負債の種類	①他の企業に現金その他の**金融資産を引渡す**契約上の**義務**	借入金，買掛金，支払手形，未払金，社債（以上，**金銭債務**）など
	②潜在的に**不利な条件**で他の企業と**金融資産**や**金融負債**を交換する契約上の**義務**	デリバティブの評価損

4　デリバティブの内容

そして，**デリバティブ**（derivative）とは，次のような3要件を満たすものである（指針6）。

① その権利義務の価値が，金利，有価証券価格などの**基礎数値**（underlyings）**の変化に反応して変化**する，そのような基礎数値と想定元本ないし決済金額を有する契約であること（**基礎数値と想定元本（決済金額）**）

② その当初純投資額が不要か，またはほとんど**不要**であること（**当初純投資不要性**）

③ たとえ資産の引渡しを受けたとしても，**純額決済**ないし純額決済と実質的に異ならない状態におくものであること（**純額決済性**）

● デリバティブの3要件 ●

デリバティブの3要件	① 基礎数値と想定元本（決済金額） ② 当初純投資不要性 ③ 純額決済性

なお，上記③純額決済と実質的に異ならないものには，たとえば，外国通貨，市場性のある株式や公社債のように活発な市場があり，そこで売買がいつでも可能である状況のものを示している。

第２章　金融商品会計基準の対象

1　金融商品会計基準の対象

金融商品会計基準の対象となるものには，次のようなものが含まれる（指針４－21）。

・有価証券

・金銭の信託

・債権

・デリバティブ取引

・有価証券の消費貸借契約，建設協力金などの預託保証金，ゴルフ会員権，借入金などについての債務保証契約，当座貸越契約

・クレジット・デリバティブ（credit derivative：CD：取引当事者間で決定される価格や利率などについて，その信用状態が強く反映されるデリバティブのこと）

・ウェザー・デリバティブ（weather derivative：WD：気温や積雪量などの天候に関連づけられたデリバティブのこと）

・不動産などを譲り受けた特定目的会社（SPC）が発行した社債，コマーシャル・ペーパー（CP），優先出資証券など

・コモディティ・デリバティブ（commodity derivative：CD：差金決済するもののみ：現物商品のデリバティブ）

2　有価証券に準じて取扱われる金融商品

証券取引法第2条に示された有価証券ではないが，これと類似した性質を有し，活発な取引市場があるものは，有価証券に準じて取扱われる（指針8）。

このような金融商品としては，たとえば，国内CD（certificate of deposit：譲渡性預金証書）などがある。

● 有価証券に準じて取扱われる金融商品 ●

有価証券に準じて取扱われるもの	①　有価証券に類似 ②　活発な取引市場の存在	国内ＣＤ その他

3　金融商品会計基準の対象外

他方，この基準の対象外となるものには，次のようなものがある（指針13－21）。

● 金融商品会計基準の対象外 ●

	分　類	具　体　例
金融商品会計基準の対象外	①　他に会計基準のあるもの	・リース契約 ・退職給付契約など
	②　今後の検討課題となっているもの*1	・生命・損害保険契約 ・不動産の譲渡人にとってのその不動産の証券化*2など

＊1　契約の性質が異なっているため。
＊2　ただし，証券化後の証券は対象となる。

第３章　金融商品の認識

1　金融資産・負債の当初認識

金融資産・負債の認識は，金融資産・負債の契約上の権利・義務を生じさせる**契約をしたときに**，**原則**としてその**金融資産・負債の発生を認識**する（基準第二・一）ことになっている。

このように，**約定日基準**（trade date accounting）により，金融資産・負債についての契約から生じる**価値**（負の価値）を**認識**する。

約定日基準と受渡日基準

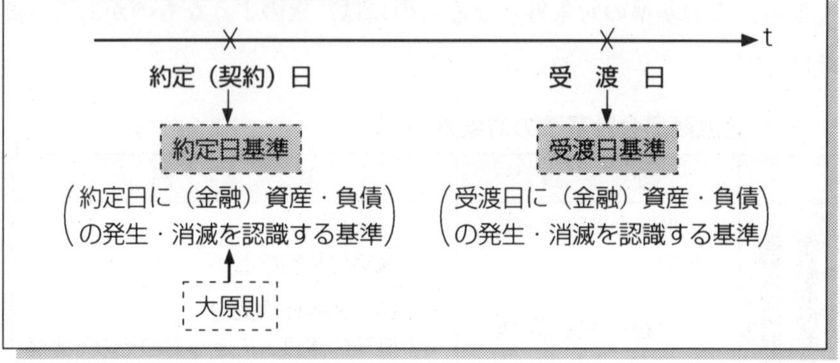

2　有価証券の売買の認識

有価証券の売買契約についての認識は，次の各場合に応じて，以下のとおりである（指針22）。

有価証券の売買の認識

摘要	区分基準		基準		評価
有価証券の売買契約の認識	約定日から受渡日までの期間	①通常	原則	**約定日基準**＊1	原則：時価評価
			例外	保有目的区分ごとに**修正受渡日基準**＊2	
		②長い	**約定日**に（両当事者とも）**先渡契約**として権利・義務の発生を認識し，**受渡日**に**有価証券**自体の発生・消滅を**認識**する基準（**受渡日基準**＊3）		

＊1　約定日に有価証券の取得・消滅を認識する方法のことである。

＊2　約定日から受渡日まで買手は評価差額，売手は売却損益のみを認識し，受渡日に有価証券（自体）の発生・消滅を認識する基準のことである。いいかえれば，**期中**は**受渡日基準**（settlement date accounting）により（有価証券等を）処理し，**期末**に約定済みで決済されていない有価証券の時価変動差額のみを処理するものである。

＊3　**約定日**に有価証券売買契約を先物契約として認識し，デリバティブ取引として処理し，**受渡日**に**有価証券**自体の発生・消滅を**認識**する。

Coffee Break

〔受渡しについての「通常の期間」とは？〕

有価証券の受渡しについての通常の期間とは，市場や慣行により決定された期間のことであり，2001年１月１日現在において証券取引所の取引は，約定日後３営業日目に現金や有価証券の受渡しを行っている。なお，2002年には，通信手段・交通手段などの発展に伴い，約定日の翌営業日に受渡決済が行われる予定である。

〔通常の期間〕

通常の期間	市場や慣行により決定	例：現在　取引所取引は約定日後３営業日目に受渡し (2002年には約定日の翌営業日を予定)

有価証券の売買の認識

(1) 通常取引（原則法）……約定日基準
（先渡契約の処理はしない）

約定日 → t

① 売手：①有価証券（自体）を消滅させ，②売却損益を計上
② 買手：　有価証券（自体）の発生を認識

(2) 通常取引（簡便法）……修正受渡日基準
（先渡契約の処理はしない）

約定日　決算日　受渡日 → t

① 売手：（売有）[※1]時価評価　（他有）[※2]売却損益の計上　有価証券（自体）の消滅の認識
② 買手：この間の時価の変動部分を有価証券として，その発生の認識　有価証券（自体）の発生の認識

※1　売有：売買目的有価証券
※2　他有：その他有価証券

(3) 通常取引以外の取引……受渡日基準
（先渡契約の処理をする）

約定日　受渡日 → t

① 売手：この間の時価の変動部分は先渡契約*として処理　有価証券（自体）の消滅の認識
② 買手：この間の時価の変動部分は先渡契約*として処理　有価証券（自体）の発生の認識

*デリバティブの特徴をもつときには，時価評価する。

Coffee Break

〔有価証券売買の認識の考え方の背景〕

有価証券の売買は，制度上前述のとおり処理されることとなっている。このような取扱いとなった背景は次のとおりである。

① **本来**（理論的には），**受渡日基準**により，約定日に先渡契約としてデリバティブの処理をし，受渡日に有価証券自体の発生・消滅を認識するべきである（したがって，通常取引以外の取引については，この処理がなされている）。

② ただし，通常取引については，取引形態が市場の慣習に従って定型化されており，これを簡便な方法（先渡契約のデリバティブ処理の省略）により，実務的な作業を軽減するために，**約定日基準**による処理を認めた（これが原則法となっている）。

③ さらに，実務上の便宜を考えて，期中では，従来と同様に，有価証券自体については受渡日基準により処理し，期末に約定済みで，未決済のものの時価変動差額のみを処理することを認めたのが修正受渡日基準である（これが，簡便法となっている）。

〔有価証券売買の認識の考え方〕

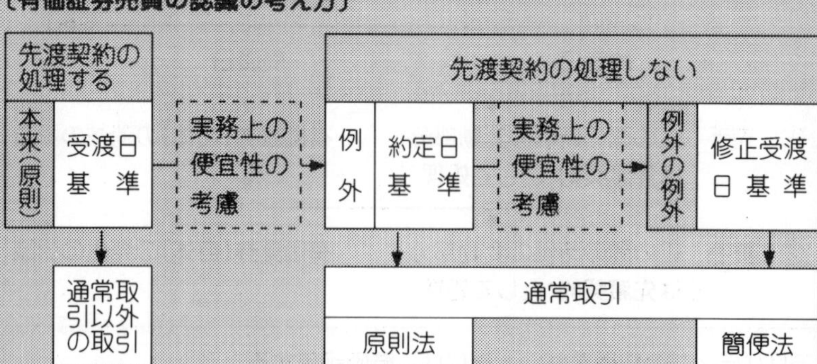

＜設例１＞

（通常取引の有価証券の買手の処理）

甲社は，次のような条件･状況で乙社から有価証券を購入した（**通常取引**）。適切な処理をしなさい。

①約定日前日：X３年３月28日　時価　　￥49,000

（その他有価証券の償却原価￥40,000（乙社））

②約　定　日：X３年３月29日　売買価額￥50,000

③決　算　日：X３年３月31日　時価　　￥51,000

④受　渡　日：X３年４月１日　（代金は現金で支払い）

⑤決　算　日：X４年３月31日　時価　　￥55,000

⑥計算の前提：付随費用，受払利息，経過利息は無視し，**約定日基準・洗替法**で処理する。

ケース①売買目的有価証券のケース

②満期保有目的債券のケース

③その他有価証券のケース（なお，税効果会計の適用：実効税率40%と仮定）

▶解　答▶▶▷

(1)　ケース①　売買目的有価証券のケース（約定日基準）

①　約定日

（借）有　価　証　券*1 50,000　　（貸）未　　払　　金 50,000

②　決算日

（借）有　価　証　券　1,000　　（貸）有価証券運用損益　1,000*2

③　決算日の翌日*3

（借）有価証券運用損益　1,000　　（貸）有　価　証　券　1,000

④　受渡日

(借) 未　払　金	50,000	(貸) 現　　　金	50,000

⑤　(翌期) 決算日

(借) 有価証券	5,000	(貸) 有価証券運用損益	5,000

(2)　ケース②　満期保有目的債券のケース

①　約定日

(借) 投資有価証券	50,000	(貸) 未　払　金	50,000

②　受渡日

(借) 未　払　金	50,000	(貸) 現　　　金	50,000

(3)　ケース③　その他有価証券のケース

①　約定日

(借) 投資有価証券	50,000	(貸) 未　払　金	50,000

②　決算日

(借) 投資有価証券	1,000	(貸) 繰延税金負債*4	400
		有価証券評価差額*5	600

③　決算日の翌日

(借) 繰延税金負債	400	(貸) 投資有価証券	1,000
有価証券評価差額	600		

④　受渡日

(借) 未　払　金	50,000	(貸) 現　　　金	50,000

⑤　(翌期) 決算日

(借) 投資有価証券	5,000	(貸) 繰延税金負債	2,000
		有価証券評価差額	3,000

◁◀◀解　説◀

＊1　**約定日基準**なので，**約定日**に有価証券の発生を**認識**する。なお，売買目的有価証券勘定でもよい（以下，同じ）。

＊2　有価証券の**評価（損）益**のことであり，当期のP/Lに計上する。

＊3　**洗替法**（あらいがえ）による期首の振戻しの仕訳

＊4　税効果の適用分

400＝1,000×40％

＊5　当期のP/Lに計上されず，**資本直入**なので勘定科目を変えている。なお，税効果考慮後の金額である。

600＝1,000－400

Coffee Break

〔有価証券関係の勘定科目の整理〕

<table>
<tr><th colspan="3">摘　　要</th><th>一般的な勘定*[1]</th><th>実務指針の勘定*[2]</th></tr>
<tr><td rowspan="24">市場価格</td><td rowspan="22">有</td><td>**1 売買目的の有価証券**</td><td>有価証券</td><td>売買目的有価証券</td></tr>
<tr><td>その評価損（当期の損益）</td><td>有価証券評価損</td><td rowspan="4">有価証券運用損益</td></tr>
<tr><td>その評価益（　〃　）</td><td>有価証券評価益</td></tr>
<tr><td>その売却損（　〃　）</td><td>有価証券売却損</td></tr>
<tr><td>その売却益（　〃　）</td><td>有価証券売却益</td></tr>
<tr><td>**2 満期保有目的の債券**</td><td>（投資）有価証券*[3]</td><td>満期保有目的債券</td></tr>
<tr><td>その評価損（減損処理）</td><td>有価証券評価損</td><td>有価証券評価損益</td></tr>
<tr><td>その利息（受取）</td><td>有価証券利息</td><td>有価証券利息</td></tr>
<tr><td>**3 子会社・関連会社有価証券**</td><td>関連会社株式</td><td>子会社株式・関連会社株式</td></tr>
<tr><td>その評価損（減損処理）</td><td>有価証券評価損</td><td>有価証券評価損益</td></tr>
<tr><td>その売却損（当期の損益）</td><td>投資有価証券売却損</td><td rowspan="2">（投資有価証券売却損益）</td></tr>
<tr><td>その売却益（　〃　）</td><td>投資有価証券売却益</td></tr>
<tr><td>**4 その他の有価証券**</td><td>投資有価証券</td><td>その他の有価証券</td></tr>
<tr><td>その評価損Ⓐ（資本直入）</td><td rowspan="2">有価証券評価差額</td><td rowspan="2">有価証券評価差額</td></tr>
<tr><td>その評価益（　〃　）</td></tr>
<tr><td>その評価損Ⓑ（当期の損失）</td><td rowspan="2">有価証券評価損</td><td rowspan="2">有価証券評価損益</td></tr>
<tr><td>その評価損Ⓒ（減損処理）</td></tr>
<tr><td>その売却損（当期の損益）</td><td>投資有価証券売却損</td><td rowspan="2">有価証券売却損益</td></tr>
<tr><td>その売却益（　〃　）</td><td>投資有価証券売却益</td></tr>
<tr><td rowspan="2">無</td><td>**市場価格のない有価証券**</td><td>投資有価証券</td><td>（投資有価証券）</td></tr>
<tr><td>その評価損（減損処理）</td><td>有価証券評価損</td><td>（有価証券評価損益）</td></tr>
</table>

＊1　これは従来の会計慣行から考えて一般的と考えられるものの例示であり，あくまでも私見である。

＊2　これは，実務指針の設例で示されているものである。なお，（　）内のものは，私見である。

＊3　満期保有目的のものは，通常，投資有価証券である。

<設例２>

(通常取引の有価証券の売手の処理)

前記設例１における**売手**（乙社）の仕訳を示しなさい。

ケース①売買目的有価証券のケース

②その他有価証券のケース

▶解　答▶▶▷

(1)　ケース①　売買目的有価証券のケース（約定日基準）

①　約定日

(借) 未　収　金	50,000	(貸) 有　価　証　券	49,000
		有価証券運用損益	1,000*1

②　受渡日

(借) 現　　　金	50,000	(貸) 未　収　金	50,000

(2)　ケース②　その他有価証券のケース

①　約定日

(借) 未　収　金	50,000	(貸) 投資有価証券	40,000
		投資有価証券売却益	10,000*2

②　受渡日

(借) 現　　　金	50,000	(貸) 未　収　金	50,000

◁◀◀解　説◀

＊1　1,000＝50,000－49,000

＊2　10,000＝50,000－40,000

その他有価証券の売却（損）益は，売価と償却原価との差額である。

＜設例３＞

（修正受渡日基準の買手の処理）

前記設例１における**買手**（甲社）における仕訳を，「約定日基準」から「**修正受渡日基準**」に変更して示しなさい。

▶解　答▶▶▷

(1)　ケース①　売買目的有価証券のケース（修正受渡日基準）

①　決算日

（借）	有価証券	1,000	（貸）	有価証券運用損益[*1]	1,000

②　決算日の翌日

（借）	有価証券運用損益[*2]	1,000	（貸）	有価証券	1,000

③　受渡日

（借）	有価証券[*3]	50,000	（貸）	現金	50,000

④　（翌期）決算日

（借）	有価証券	5,000	（貸）	有価証券運用損益	5,000

(2)　ケース②　満期保有目的債券のケース

受渡日

（借）	投資有価証券	50,000	（貸）	現金	50,000

(3)　ケース③　その他有価証券のケース

①　決算日

（借）	投資有価証券	1,000	（貸）	繰延税金負債	400
				有価証券評価差額	600

②　決算日の翌日

（借）	繰延税金負債	400	（貸）	投資有価証券	1,000
	有価証券評価差額	600			

③　受渡日

（借）投資有価証券	50,000	（貸）現　　　金	50,000

④　（翌期）決算日

（借）投資有価証券	5,000	（貸）繰延税金負債	2,000
		有価証券評価差額	3,000

◁◀◀解　説◀

＊1　**修正受渡日基準**なので，決算日（**期末**）に約定済みで未決済となっている有価証券の**時価変動差額のみを処理**する。

＊2　洗替法による期首の振戻し処理の仕訳

＊3　修正受渡日基準なので，受渡日に有価証券自体の発生を認識する。

＜設例4＞

（修正受渡日基準の売手の処理）

前記設例2における**売手**（丙社）における仕訳を，「約定日基準」から「**修正受渡日基準**」に変更して示しなさい。

▶解　答▶▶▷

(1)　ケース①　売買目的有価証券のケース（修正受渡日基準）

①　約定日

（借）有価証券	1,000	（貸）有価証券運用損益[*1]	1,000

②　受渡日

（借）現　　　金	50,000	（貸）有価証券	50,000

(2)　ケース②　その他有価証券のケース

①　決算日

（借）	投資有価証券	10,000	（貸）	投資有価証券売却益	10,000*2

②　受渡日

（借）	現金	50,000	（貸）	投資有価証券	50,000

◁◀◀解　説◀

＊1　1,000＝50,000－49,000

売買目的有価証券を**修正受渡日基準**で処理する場合には，売却時に時価評価（**その都度売却価額評価法**）を行う。

ただし，実務上は，帳簿価額のままとし，期末に売却価額で評価する方法（**期末時売却価額評価法**）も認められる。

＊2　**修正受渡日基準**に基づき，その他有価証券の売却は，**期末**に，**売却時の（売却）時価で評価**し，売却損益を計上する。

＜設例５＞

（通常取引以外の有価証券売買の処理）

前記設例１における約定日を「３月29日」から「３月10日」に変更し，それゆえ，「約定日基準」を「**受渡日基準**」へ変更して，買手と売手の仕訳を示しなさい。ただし「その他有価証券」のみの仕訳とする。

なお，**受渡日の時価は￥52,000**である。

▶解　答▶▷▷

(1)　買手（その他有価証券）（受渡日基準）

①　決算日

(借)	デリバティブ評価差額	1,000	(貸)	デリバティブ評価損益*1 1,000

②　決算日の翌日*2

(借)	デリバティブ評価損益	1,000	(貸)	デリバティブ評価差額 1,000

③　受渡日

(借)	投資有価証券	52,000*3	(貸)	現金	50,000
				デリバティブ評価損益	2,000

(2)　売手（その他有価証券）（受渡日基準）

①　決算日

(借)	デリバティブ評価損益	1,000	(貸)	デリバティブ評価差額	1,000

②　決算日の翌日

(借)	デリバティブ評価差額	1,000	(貸)	デリバティブ評価損益	1,000

③　受渡日

(借)	現金	50,000	(貸)	投資有価証券	40,000
	デリバティブ評価損益	2,000		投資有価証券売却損	12,000

◁◀◀解　説◀

＊1　決算日にデリバティブの時価変動差額を認識する。

＊2　洗替法による期首の振戻しである。

＊3　有価証券の当初認識時の測定は時価で行う。

Coffee Break

〔通常取引の有価証券売買の支配移転時点〕

通常取引の有価証券の売買においてその支配の移転の時点に関しては，次のような説がある。

〔有価証券売買における支配の移転〕

支配の移転	(1)契約時説	リスク・経済価値の実質的移転	約定日に損益が確定し，リスクや経済的便益が実質的に買手に移転しているので
	(2)受払時説	現物の引渡しによる支配の移転	現物の受払いに伴って支配の現実の移転が生じるので

このうち，基準では，前者の説を採用している。

第４章　有価証券の信用取引等の認識

1　有価証券の信用取引等の意義と内容

(1)　有価証券の信用取引の意義と内容

有価証券の信用取引とは，顧客が，有価証券の売買取引をするときに，証券会社からその取引に必要な資金ないし有価証券を借入れて行う取引のことである。

たとえば，**有価証券の買付け**を行いたい（すなわち安く買って高く売りたい）顧客は，①証券会社から必要な資金を借入れ，②その資金で③有価証券を（安く）買付け，④直ちにその有価証券を証券会社に担保として差入れる。そして，⑤通常6か月以内にその有価証券を（高く）売却し，⑥現金化するか，他社から資金の借入れを行い，⑦証券会社からの借入金を返済する（番号は図に対応）。

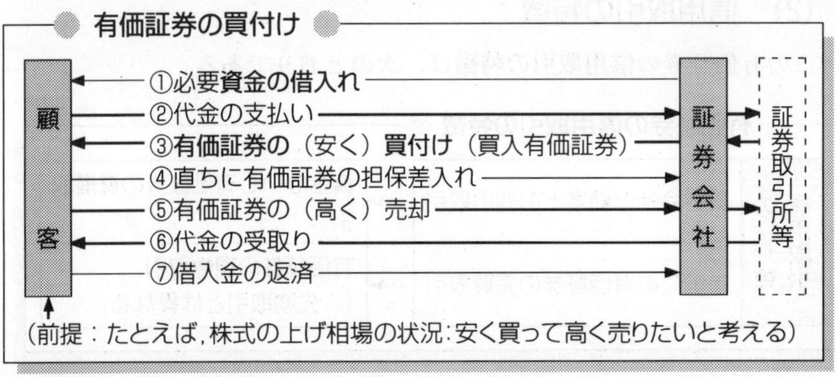

また，**有価証券の売付け**を行いたい（すなわち高く売って安く買いたい）顧客は，①証券会社から有価証券を借入れ，②直ちにこれを売却し，③代金を入金する。そして，④その売却代金を証券会社に担保として差入れ，後日，⑤差入れた資金ないし他者より借入れた資金により，⑥借入れたものと同種の有価証券を買入れ，⑦その有価証券を返却する（番号は図に対応）。

なお，信用取引による売付けは，ヘッジ手段として利用できる。

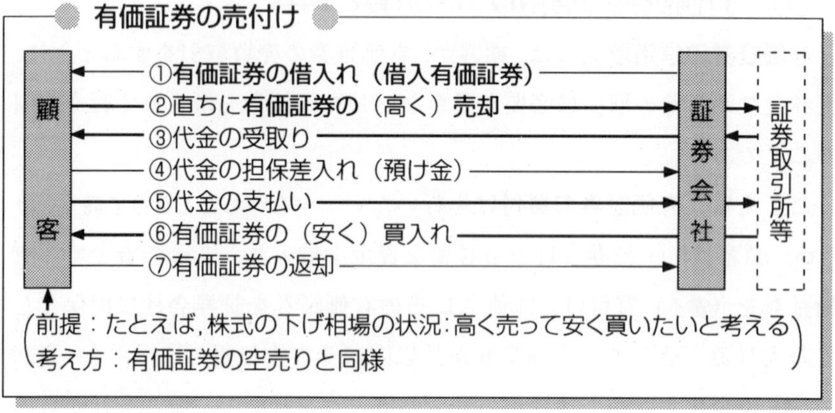

(2)　信用取引の特徴

この有価証券の**信用取引の特徴**は，次のとおりである。

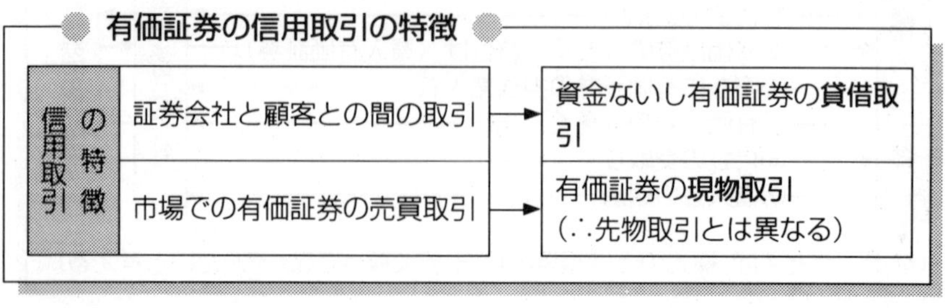

有価証券の信用取引の特徴
信用取引の特徴
証券会社と顧客との間の取引
資金ないし有価証券の貸借取引
市場での有価証券の売買取引
有価証券の現物取引
（∴先物取引とは異なる）

(3)　有価証券の空売りの内容

有価証券の**空売り**とは，一般に，①有価証券の売手（売却対象の有価証券を保有しておらず，高く売却しようと考える）と買手が売買契約をし，②売手は受渡日までにその有価証券を貸手から借入れ，③売渡日にその有価証券を売手が買手に受渡し，④売却代金を入金し，⑤後日，売手が有価証券を市場から（安く）購入し，⑥その代金を支払い，⑦その有価証券を貸手に返却するものである（番号は図に対応）。

なお，これは，ヘッジ手段としても利用できる。また，考え方は，有価証券の信用取引の売付けと同様である。

有価証券の空売り

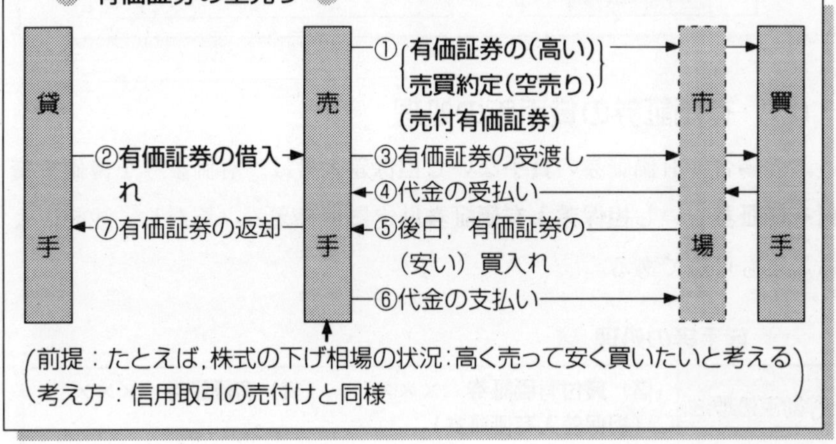

2　有価証券の信用取引等の認識

(1)　認 識 基 準

有価証券の信用取引・空売り・消費貸借・担保受入れについては，現物の有価証券の売買と同様に，**原則**として**約定日**にそれらを認識する（**約定日基準**）（指針24－27）。

有価証券の信用取引等の認識基準

有価証券	信用取引 空売り 消費貸借 担保受入れ	認識基準	⇨	原則	約定日基準	現物の有価証券の売買の認識基準と同じ

(2)　有価証券の貸手等の処理

この場合，有価証券の**貸手**ないし**担保差入者**は，有価証券を簿価で**貸付有価証券**ないし**担保差入有価証券**勘定に振替える。ただし，注記によることも可能である。

貸手等の処理

①勘定処理法	（借）貸付有価証券　×××*　　（貸）有価証券　×××* （担保差入有価証券）
②注　記　法	注記で内容を明示する方法

*簿価（帳簿価額）で。

(3) 有価証券の借手等の処理

他方，**借手**ないし**担保受入者**は，次のようなそれぞれの有価証券を時価で認識し，また期末においても**時価**で評価し，評価差額を当期の損益に計上する。

① 信用取引による買入有価証券や売付有価証券

② 空売りによる売付有価証券

③ 消費貸借や**消費寄託**（きたく）（物を他人に預け，その保管などを頼むこと）による保管有価証券（有価証券に対する支配権を示すもの）や借入有価証券（貸手に対する返還義務を示すもの）

（借）**保管有価証券** ×××　（貸）**借入有価証券** ×××

④ 担保受入れによる保管有価証券や担保受入有価証券

（借）**保管有価証券** ×××　（貸）**担保受入有価証券** ×××

有価証券の借手等の処理

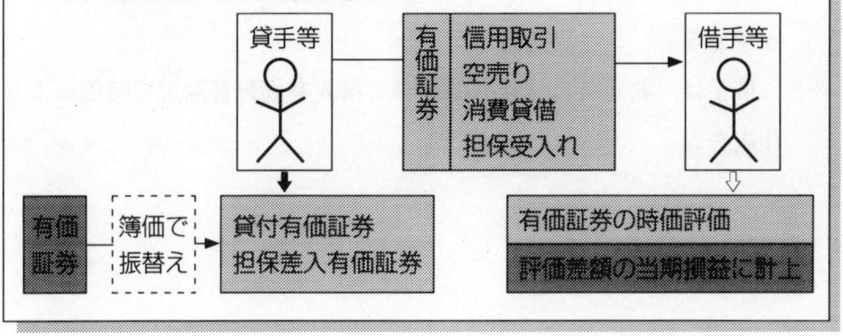

<設　例>

（有価証券の貸借取引）

A社は，保有する（その他有価証券）株式（帳簿価額￥9,000，時価￥10,000）をB社に貸付けた。なお，借手は，それを自由に売却できる権利がある。

▶解　答▶▶▷

A社（貸手）

（借）貸付有価証券　9,000*1　（貸）投資有価証券　9,000

B社（借手）

（借）保管有価証券　10,000*2　（貸）借入有価証券　10,000

◁◀◀解　説◀

＊1　貸手は，約定時にその有価証券を**貸付有価証券**勘定に**帳簿価額**で振替える。

＊2　借手は，約定時に**保管有価証券・借入有価証券**勘定で**時価**により仕訳を行う。

第５章　貸付金・借入金の認識

1　貸付金・借入金の認識基準

貸付金と**借入金**については，資金の**貸借日**にその発生を認識し，その**返済日**に消滅を認識する（指針26）。

● 貸付金・借入金の認識基準 ●

貸付金 借入金	①発生の認識	（資金の）貸借日基準	従来と同じ
	②消滅の認識	（資金の）返済日基準	
理　由	金銭消費貸借契約は**要物契約**なので		

この理由の一つは，金銭消費貸借契約が**要物契約**（契約の成立のためには，対象物件の引渡しを必要とするもの）であるということである。

● 貸付金と借入金の認識 ●

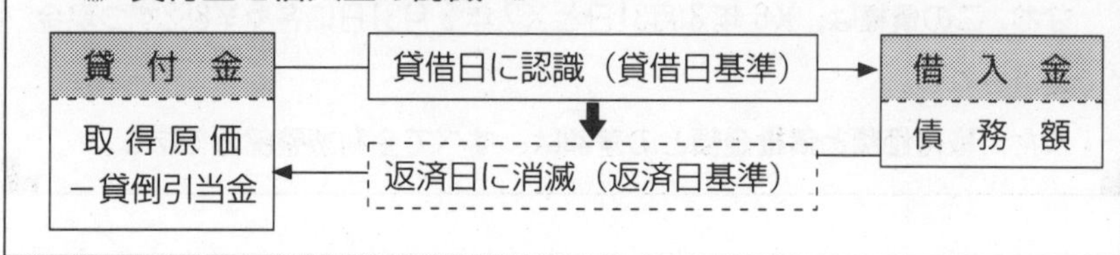

2　貸付金・借入金の測定

この場合，**貸付金**は**取得価額**から**貸倒引当金**を**控除**した金額をもって，**借入金**は**債務額**をもって貸借対照表価額とする。すなわち，時価評価はしない。なお，償却原価法の適用対象となる。

また，差金決済性がないので，デリバティブにはならない。

● 貸付金・借入金の測定 ●

貸借対照表価額	貸付金	＝取得原価－貸倒引当金	原価主義
	借入金	＝債務額	

＜設例１＞

(貸付金への償却原価法の適用①　利息法)

当社は３月31日の決算法人であり，次のような取引を行った。(1) X5年４月１日，(2) X6年３月31日，(3) X7年３月31日において必要な仕訳を償却原価法（利息法）により示しなさい。

X5年４月１日：債権の取得：債権（貸付金）金額　￥1,764

取得価額　￥1,640(現金払い)

なお，この債権は，X6年３月31日とX7年３月31日に各々￥882ずつ現金で返済される。

また，取得価額と債権金額との差額は，すべて金利調整部分である。

▶解　答▶▶▷

(1)　取得日（X5年４月１日）

(借) 長 期 貸 付 金　1,640　(貸) 現　　　　金　1,640

(2)　元利支払日（X6年3月31日）

(借) 現　　金	882	(貸) 長期貸付金	800[*2]
		受取利息	82[*1]
(借) 短期貸付金	840	(貸) 長期貸付金	840[*3]

(3)　元利支払日（X7年3月31日）

(借) 現　　金	882	(貸) 短期貸付金	840[*5]
		受取利息	42[*4]

◁◀◀解　説◀

まず，実効利子率を次の算式で求める。

$$\frac{882}{(1+r)}+\frac{882}{(1+r)^2}=1,640 \quad \therefore r=5\%$$

＊1　82＝1,640×0.05

償却原価（帳簿価額：元本）×実効利子率＝利息配分額となる。

＊2　800＝882－82

受取額から利息分を差引いた残額が，元本の返済分となる。

＊3　固定の流動への振替え。

＊4　42＝(1,640－800)×0.05　＊1と同様に考える。

＊5　840＝882－42　＊2と同様に考える。

※　なお，償却原価法の詳しい説明については，第3編第3章「有価証券の評価」を参照されたい。

＜設例２＞

（貸付金への償却原価法の適用②　定額法）

前期設例１の条件のうち「**利息法**」を「**定額法**」へ変更した場合には，どのようになるか。

▶解　答▶▶▷

(1)　取得日（X5年４月１日）

(借) 長期貸付金	1,640	(貸) 現　　金	1,640

(2)　元利支払日（X6年３月31日）

(借) 現　　金	882	(貸) 長期貸付金	820*2
		(貸) 受取利息	62*1
(借) 短期貸付金	820	(貸) 長期貸付金	820

(3)　元利支払日（X7年３月31日）

(借) 現　　金	882	(貸) 短期貸付金	820
		(貸) 受取利息	62

◁◀◀解　説◀

＊１　62＝(1,764－1,640)×12月÷24月

利息部分を期間按分する。

＊２　820＝882－62

第6章　当初認識の測定基準と基本的アプローチ

1　金融資産・負債の当初測定

金融資産・負債の当初認識は，その**時価**によって測定する（**時価基準**）（指針29）。

この場合，自発的な独立第3者の当事者が，金融資産の売買・交換・引受けを行う場合には，その取引は，**時価**に基づく等価交換により行われたものとみなす。したがって，通常のケースでは，取引価額（受払額）が時価となる（指針30）。

2　金融商品会計の基本的アプローチ

金融商品の会計処理，特にその（発生・）消滅を，どのような観点から行うべきかに関する基本的アプローチとして，次のように，リスク・経済価値アプローチと財務構成要素アプローチとがある。

なお，現行基準では，後者によっている。

(1)　リスク・経済価値アプローチ

これは，金融資産に付随するリスクと経済価値が，その構成要素に分解されずに，一体として実質的に移転したときに，その資産の（消滅を）認識するというものである。

この考え方は，従来からリース会計などで採用されている伝統的なものである（なお，最近では，リース会計でも財務構成要素アプローチによるべきであるという説が有力になってきた）。

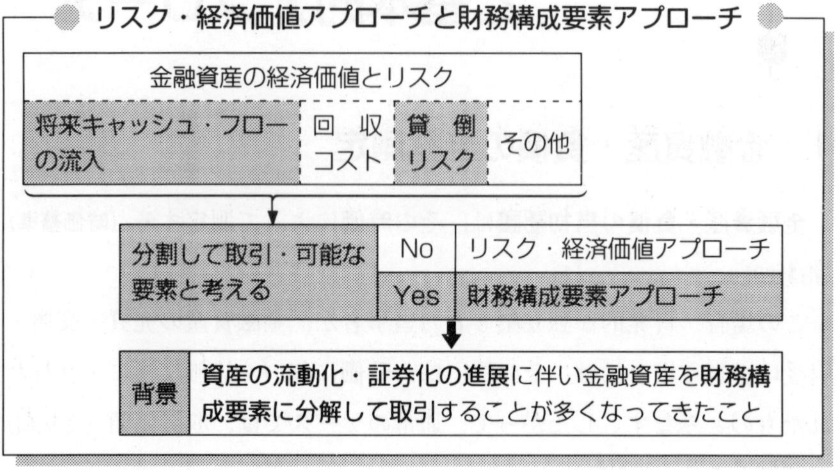

(2)　財務構成要素アプローチ

これは，資産を構成する財務要素（たとえば，将来のキャッシュ・フロー，回収コスト，貸倒リスクなど）に分解し，その一部に対する**支配が移転**したときに，その部分の（消滅を）認識し，残りの留保される部分を引続き貸借対照表に認識するものである。

このアプローチは，資産や債権の**流動化**や**証券化の進展**に伴い，**金融資産を財務構成要素に分解して取引することが多くなってきていること**を**背景**として採用されてきた新しいアプローチであり，今日の日本の基準でも採用されているものである。

すなわち，金融資産の財務構成要素としては，たとえば，①将来のキャッシュ・フロー，②回収サービス権，③信用リスクおよび④その他がある。そして，それらに対応するリスクないし権利（経済価値）としては，①市場リスク，②譲渡した資産の管理・回収業務，③貸倒リスクおよび④期限前償還リスクなどがある（指針30）。

財務構成要素とリスク・経済価値

金融資産の財務構成要素

要　素	①将来キャッシュ・フロー	②回収サービス権	③信用リスク	④その他
リスク経済価値	市場リスク	譲渡した金融資産の管理・回収業務	貸倒リスク	期限前償還リスクなど

第７章　金融資産の消滅の認識

1　消滅の認識の意味

消滅の認識（derecognition or discontinuing recognition）とは，しばしば**オフ・バランス**（off balance sheet）**化**とも呼ばれ，貸借対照表に一旦計上された資産・負債項目を貸借対照表から取除くことを意味し，これに伴って，譲渡等に伴う損益が生じる。

消滅の認識

消滅の認識	①B/S計上項目をB/Sから取除くことであり， ②これに伴い譲渡損益の認識も生じる

なお，これは，**相殺表示**（そうさい）（offsetting：すなわち認識された資産と負債項目を期末に貸借対照表上で純額で表示し，損益の認識を伴わないもの）とは異なる。

消滅の認識と相殺表示の同異点

消滅の認識と相殺表示の同異点	類似点	B/S項目をB/Sから取除くこと
	相違点	損益の認識を伴うか否か

2　金融資産の消滅の認識

(1)　消滅の認識のケース

金融資産については，次のようなときには，その消滅を認識する（基準第二，二，1）。

● 金融資産の消滅の認識のケース ●

金融資産の消滅の認識のケース	①金融資産の契約上の**権利の行使**
	②金融資産の契約上の**権利の喪失**（そうしつ）
	③金融資産の契約上の権利に対する**支配の移転**

(2)　支配の移転のケースでの消滅の要件

上記③の金融資産の消滅を認識する場合（契約上の権利に対する支配の移転のケース）には，次の3要件を満たしていることが必要である（基準第二，二，1）。

① 譲受人の契約上の権利が法的に保全されていること（**譲受人の権利の法的保全**）

② 契約上の権利を，（直接または間接に）通常の方法で譲受人が享受できること（**譲受人の権利の享受**）

③ 譲渡人が金融資産を満期日前に買戻す権利・義務を実質的に有していないこと（**買戻条件付でないこと**）

なお，上記①の条件は，譲渡人が譲渡を取消せず，また第3者に対する対抗要件を満たすことが要求される。

●金融資産の消滅の要件●

金融資産の消滅の3要件	①譲受人の権利の法的保全 ②譲受人の権利の享受 ③買戻条件付きでないこと

(3) 譲受人の権利の法的保全

上記の3要件の第1要件の**譲受人の権利の法的保全**とは，譲渡された金融資産が譲渡人の倒産などのリスクから完全に分離されていることである。そして，この判断は，**法的な観点**からなされる。

●譲渡人の権利の法的保全●

譲渡人の権利の法的保全	譲渡資産が譲渡人の倒産などのリスクから完全分離	（譲渡人が倒産などしても，譲渡人やその債権者などが，譲渡資産に対して請求権などのいかなる権利も存在しないこと）	法的な観点から判断

なお，この判断にあたっては，次のものを考慮して判定する（指針31）。

●法的保全の判断上の考慮事項●

法的保全の判断上の考慮事項	①契約や状況により譲渡人がその譲渡を取消せるかどうか ②譲渡人が破産などしたとき，その管財人がその資産を返還請求できるかどうか

(4) 譲受人の権利の享受

上記の3要件の第2要件の**譲受人の権利の享受**とは，一般に金融資産の譲受人がそれを実質的に利用することによって，元本の返済・利息や配当の受取りなどにより投下資金のほとんどを回収できることを意味する。

なお，ここでの第1の問題は，**譲受人に譲渡制限があるケース**である。

これに関して，指針32では，たとえ譲渡制限が付いていたとしても，譲渡人から譲受人への支配の移転（すなわち，売買）があったものと認められるとしており，そのケースには，次のようなものがある。

① 譲受人に**最も有利な第3者からの購入の申込みと同一条件**の**譲渡人の優先的買戻権が存在**するケース（すなわち，優先的買戻権は存在するが，その条件は公正な取引と同様のとき）

② 譲渡人が売却ないし担保差入れをするとき，回収の不経済性や債務者の不都合にならないか否かについて，**事前に譲渡人の承認**を要するケース（すなわち，回収の不経済性や債務者の不都合を避けるものであるとき）

③ 譲受資産を多数の第3者に売却することができるが，**競争相手への売却は禁止**するケース（すなわち，競争相手以外には自由に売却できるので）

また，第2の問題は，**譲受人が特別目的会社**（special purpose company：SPC（エス・ピー・シー））の場合の取扱いである。

これに関して，基準では，このケースでは，その**SPCの発行する証券の保有者**が譲渡された金融資産の契約上の権利を通常の方法で享受できることが必要であるとしている。

(5) 買戻条件付きでないこと

① 買戻条件付きでないことの意味

上記の要件の第3要件の**買戻条件付きでないこと**とは，譲渡人が譲渡資産を満期以前に買戻す権利および義務を実質的にもっていないことである。すなわち，この買戻権がある場合には，実質的にその資産を担保とした金銭貸借取引（すなわち金融取引）とみなし，支配が他に移転しないので，譲渡人は金融資産の消滅を認識できないこととなる。

なお，このような金融取引となるものには，たとえば，**クロス取引**（資産を売却した直後に同一の資産を購入する取引など，譲渡人が譲受人から譲渡資産を**再購入**ないし**回収する同時の契約のあるもの**のことであり，従来，株式による益出しの手段として利用されていたもの）や現先取引などがある。

買戻条件付きでないこと

買戻条件	無	売買取引	資産の消滅の認識	できる
	有	（金融取引）		できない

↓

金融取引の例	クロス取引，現先取引など

＜設　例＞

（買戻条件付取引：現先取引）

次の一連の取引の仕訳を示しなさい。

①4月1日　手許の国債（額面￥100,000，帳簿価額￥96,000）を3か月後に￥97,000で買戻すことを条件に，￥96,500で売却し，現金を入金した。

②6月30日　上記国債を契約どおり現金で買戻した。

▶解　答▶▶▷

①	（借）現　　　　金	96,500	（貸）短期借入金	96,500
②	（借）短期借入金	96,500	（貸）現　　　　金	97,000
	支払利息	500		

◁◀◀解　説◀

買戻条件付きの取引であり，売買ではなく，金融取引として処理する。

②　クロス取引

クロス取引として行われた金融資産の売買取引は，前述の消滅の第 3 要件を満たさないので，**売買**として**処理しない**（指針42）。

また，たとえその取引が直後（同一日）に行われていないとしても，譲渡価格と**再購入価格が同一**のときや譲渡日と再購入日との間の金利調整を行った価額で再購入する場合には，（市場の価格変動リスクがないので）譲渡人が譲受人から再購入する同時の契約がある（すなわちクロス取引）と推定する。したがって，売買取引として処理しない。

● クロス取引の取扱い ●

クロス取引	直後に同じ資産の再購入ないし回収の同時契約あり	売買として処理しない
クロス取引と推定する取引	譲渡価格と再購入価格が同一ないし金利調整後のそれである同時契約あり	

③　支配の移転が認められる譲渡人の買戻権

金融資産の譲渡人に買戻権があるときでも，譲渡した金融資産が**いつでも市場で取得可能**なものや，買戻価格が**買戻時の時価**であるものは，支配の移転があったものとする（指針33）。

逆に，譲渡した金融資産が**容易に市場で取得可能でなく**，かつ買戻価格が（最初に決まっており，）**固定価格**であるものについては，支配は移転していることはいえない。

買戻権と支配の移転

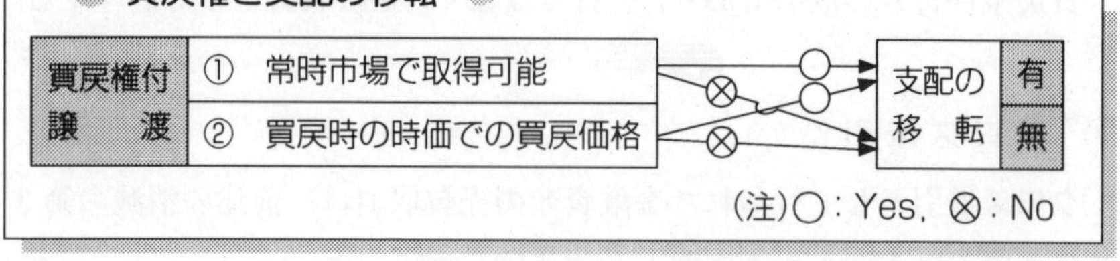

第８章　受取手形・割引手形・裏書手形

1　受取手形の取扱い

受取手形は，その**取得時**にその発生を**現在価値**で認識する。

＜設例１＞

(手形の取得)

商品￥200,000を売上げ，代金として手形２枚（各￥100,000）を受取った。

必要な仕訳を示しなさい。

▶解　答▶▶▷

(借) 受　取　手　形　200,000　　(貸) 売　　　　　上　200,000

◁◀◀解　説◀

手形は，取得時に現在価値でその発生を認識する。

2　割引手形・裏書手形の取扱い

手持ちの受取手形を割引きないし裏書きしたときは，その**割引時**ないし**裏書時**にその消滅を認識する。そして，その帳簿価額と売却額との**差額**は，**手形売却損益**として認識する。

なお，輸出商品の代金の取立てのための荷為替手形(にがわせ)(DA手形やDP手形)

は，外国為替取扱銀行（為替銀行）でのその為替手形の**取組時**に，手形債権の発生と消滅を同時に認識する（指針34）。

また，手形の裏書きに伴う**遡求義務**（手形が不渡りとなったときに，手形の裏書きを行った人がそれを受けた人に，手形代金を支払わなければならない義務のこと）については，それを**時価評価**し，**新たな金融負債**として処理する。

〔DA 手形と DP 手形〕

DA 手形とは，document against acceptance bill（**D/A**）すなわち引受渡しの荷為替手形のことである。

他方，**DP 手形**とは，document against payment bill（**D/P**）すなわち支払渡しの荷為替手形のことである。

手形割引・手形裏書と売却損益

（前提：手形遡求義務のないケース）

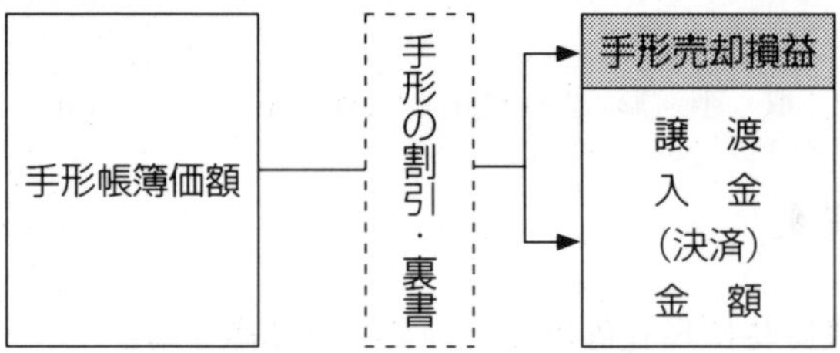

＜設例 2 ＞

（手形の割引）

手持ちの受取手形￥100,000を銀行で割引き，割引料￥5,000を差引かれ，残額は当座預金とした。

必要な仕訳を示しなさい（遡求義務なし）。

▶解　答▶▷▷

(借) 当座預金	95,000	(貸) 受取手形	100,000
手形売却損	5,000*		

◁◀◀解　説◀

＊手形の帳簿価額と割引きによる譲渡額との差額は，新基準では従来のように**支払割引料**ではなく，**手形売却損益**として処理する。

＜設例3＞

（手形の裏書）

商品￥100,000を仕入れ，代金は手持ちの手形￥100,000を裏書きして手渡した。なお，遡求義務に伴う損失（時価）￥5,000が見込まれる。

必要な仕訳を示しなさい。

▶解　答▶▷▷

(借) 仕入	100,000	(貸) 受取手形	100,000
(借) 手形売却損	5,000	(貸) 債務保証	5,000

3　受取手形の帳簿価額

(1)　受取手形の金利部分の取扱い

受取手形には，金利が含まれている場合と含まれていない場合とがあり，その金利部分が重要な場合には，その取得時に現在価値で計上する。

そして，その現在価値と額面との差額は，償却原価法（原則として利息法により，定額法も容認）により決済日までの期間にわたり各期の損益に配分する（指針130）。

また，その他の場合（金利部分がないときなど）には，通常その取得時に，その（手形）額面で計上する。

● 手形の取得時の処理 ●

<table>
<tr><td rowspan="3">受取手形</td><td rowspan="3">金利部分を含む</td><td rowspan="2">Yes</td><td rowspan="2">重要</td><td>Yes</td><td>現在価値で計上</td><td>償却原価法の適用</td></tr>
<tr><td>No</td><td colspan="2" rowspan="2">額面で計上（原価主義）</td></tr>
<tr><td>No</td><td colspan="2"></td></tr>
</table>

＜設例４＞

（受取手形の金利部分）

当社は，期央に商品￥1,060,000を売上げ，手形（手形期日１年後）を受取ったが，そのうち￥60,000部分は金利部分である。この部分については，償却原価法（定額法）により処理することとする。

必要な仕訳を行いなさい。

(1) 売　上　時

(2) 期　末

▶解　答▶▶▷

(1) 売上時

（借）受　取　手　形　1,000,000*1　（貸）売　　　　上　1,000,000

(2) 期末

（借）受　取　手　形　　30,000　（貸）受　取　利　息　　30,000*2

◁◀◀解　説◀

＊1　受取手形に重要な金利部分がある場合には，現在価値で計上する。

＊2　30,000＝60,000×６か月÷12か月

(2)　貸倒引当金の設定

受取手形の**回収不能見込み**に対して**貸倒引当金**が**設定**されるが，それは受取手形という債権に対する**評価勘定**である。

したがって，譲渡損益の計算時には，帳簿価額に加味する。

● 受取手形の帳簿価額 ●

<table>
<tr><th colspan="2" rowspan="4">摘　　要</th><th colspan="3">金　利　部　分</th></tr>
<tr><th colspan="2">あ　　り</th><th rowspan="2">な　し</th></tr>
<tr><th>重　　要</th><th>非　重　要</th></tr>
<tr><th>（現在価値で計上）</th><th colspan="2">（額面金額で計上）</th></tr>
<tr><td rowspan="2">貸倒引当金の設定</td><td>有</td><td>額面金額－（金利部分未償却額＋貸倒引当金）</td><td colspan="2">額面金額－貸倒引当金</td></tr>
<tr><td>無</td><td>額面金額－金利部分未償却額</td><td colspan="2">額面金額</td></tr>
</table>

＜設例５＞

（受取手形の貸倒れの見積り）

手持ちの受取手形￥1,000,000に対して，期末に貸倒引当金（貸倒実績率３％）を計上する。

▶解　答▶▶▷

（借）貸倒引当金繰入　30,000*　（貸）貸 倒 引 当 金　30,000

◁◀◀解　説◀

＊　30,000＝1,000,000×0.03

4　譲渡金額の計算

受取手形の割引きや裏書きの際の譲渡金額は，割引きによる入金額ないし裏書きによる決済額から，新たな金融負債として認識される手形遡及義務の時価評価額を控除して計算する（指針136）。

なお，割引手形などが優良な手形で貸倒リスクがない場合には，保証債務の計上は必要ではない。

割引・裏書手形の譲渡金額

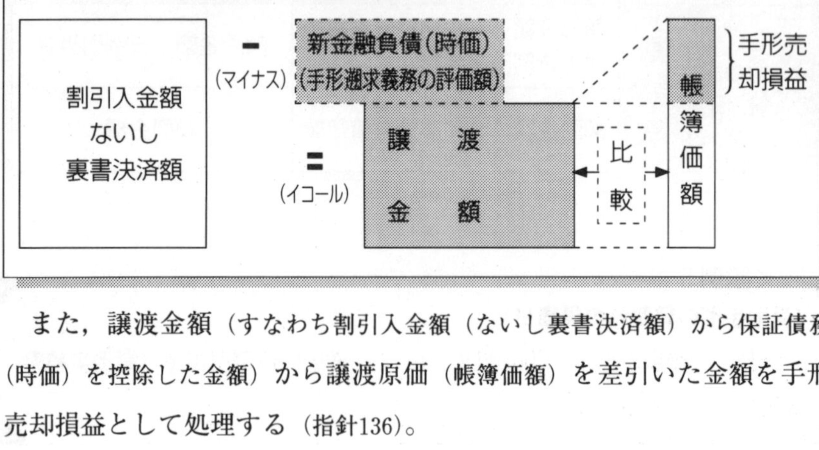

また，譲渡金額（すなわち割引入金額（ないし裏書決済額）から保証債務（時価）を控除した金額）から譲渡原価（帳簿価額）を差引いた金額を手形売却損益として処理する（指針136）。

第９章　金融資産の消滅の認識の処理

1　金融資産の消滅の認識の処理

(1)　全部が消滅の認識要件を満たすケース

金融資産（の**全部**）が，前述の消滅の認識要件を満たすときには，①その**消滅の認識**を行うと同時に，②帳簿価額とその対価（入金額）との**差額**を**当期の損益**として処理する。

金融資産（全部）の消滅の認識の処理

金融資産の消滅の認識の処理	①　その資産の消滅の認識 ②　帳簿価額と対価との差額を当期の損益として処理

金融資産の消滅の認識の処理

（帳簿価額＞対価のケース）

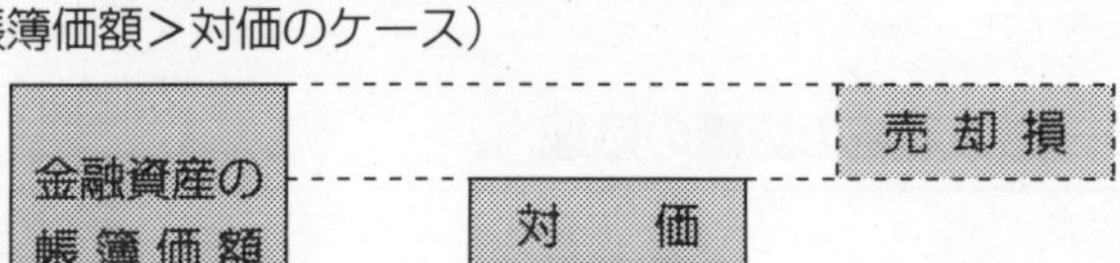

<設例1>

（金融資産（全部）の消滅の認識）

甲社は，乙社に帳簿価額￥10,000の債権を￥9,500で売却し，代金は現金で受取った。

▶解　答▶▶▷

（借）	現　　金	9,500	（貸）	債　　権	10,000
	債権売却損	500*			

◁◀◀解　説◀

＊　500＝10,000－9,500

(2)　一部が消滅の認識要件を満たすケース

金融資産の一部のみが，前述の消滅の認識要件を満たすときには，財務構成要素アプローチに基づき，①その**部分**の**消滅の認識**を行うと同時に，②消滅部分の帳簿価額とその対価（入金額）との**差額**を**当期の損益**として処理する。

● 金融資産の一部の消滅の認識の処理 ●

金融資産の一部の消滅の認識の処理	①その部分の消滅の認識 ②その部分の帳簿価額と対価との差額を当期の損益として処理	財務構成要素アプローチ

2　金融資産の消滅時の残存部分と新資産・負債の判定基準

(1)　新旧の資産・負債の判定基準

財務構成要素アプローチを採用する場合には，金融資産をその構成要素に分解するが，その場合，金融資産の消滅時の残存部分と新資産・負債の判定基準は，次のとおりである。

すなわち，消滅した金融資産と**実質的に同様の資産**ないしその構成要素であれば，**残存部分**であり，他方，**異種の資産**であれば**新資産**となり，また何らかの**義務**であれば**新負債**となり，さらに**デリバティブ**であれば**新資産ないし新負債**となる（指針36）。

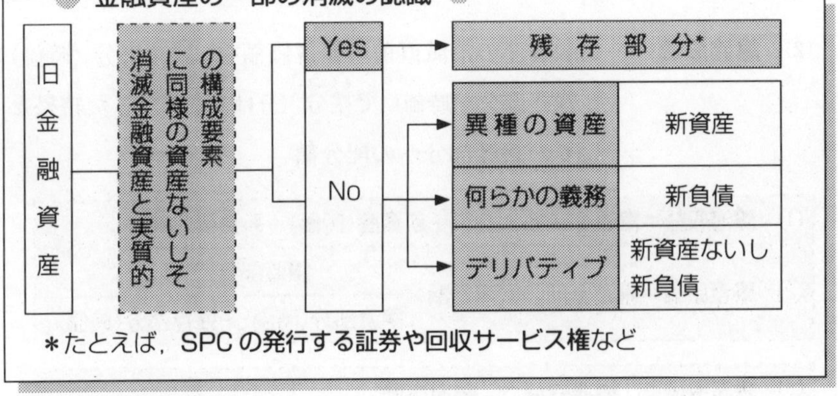

金融資産の一部の消滅の認識

(2)　金融資産の譲渡人が（譲渡先であるSPCが発行する）証券などを保有するケース

金融資産の譲渡人が，その対価としてその譲渡先であるSPCの発行する証券などを保有することとなるときには，証券などの保有者が譲受人とみなされるので，その譲渡はなかったものとされる。

それゆえ，その部分は**残存部分**として取扱い，金融資産の**消滅の認識**は行わ**ない**（指針40）。

3　金融資産の消滅時に譲渡人に一部権利・義務が残存する場合の損益の計算

上述のように，金融資産を譲渡し，その消滅時に，何らかの権利・義務が譲渡人に残存する場合の**譲渡損益**は，次の**譲渡収益**から**譲渡原価**を控除した金額である（指針37）。

① **譲渡収益**……譲渡による入金額に，新たに発生した資産（時価）を加え，新たに発生した負債（時価）を控除したもの

② **譲渡原価**……金融資産の消滅直前の帳簿価額を，譲渡部分（時価）と残存部分（時価）で按分（あんぶん）（分けること）した結果としての譲渡部分への配分額

① 譲渡収益＝譲渡による入金額＋新資産(時価)－新負債(時価)

② 譲渡原価＝譲渡直前の帳簿価額×$\frac{\text{譲渡部分(時価)}}{\text{譲渡部分(時価)＋残存部分(時価)}}$

③ 譲渡損益＝①譲渡収益－②譲渡原価

（参考：残存資産の原価∵上記②の活用）

残存資産の原価＝譲渡直前の帳簿価額×$\frac{\text{残存部分(時価)}}{\text{譲渡部分(時価)＋残存部分(時価)}}$

<設例２>

(金融資産の一部の消滅の認識)

甲社は，乙社に帳簿価額￥11,000の債権を時価￥10,000で売却し，このうち￥8,000の現金を入金したが，残り￥2,000は原債権の回収が行われた場合のみ返済されるものとされた。

▶解　答▶▷▷

(借)	現　　　金	8,000	(貸) 債　　　権	11,000
	未　収　金	2,200*1		
	債権売却損	800*2		

◁◀◀解　説◀

①譲　渡　収　益　8,000＝8,000(入金額)

②譲　渡　原　価　$8,800 = 11,000 \times \dfrac{8,000}{8,000+2,000}$

＊1　③残存部分の原価　$2,200 = 11,000 \times \dfrac{2,000}{8,000+2,000}$

＊2　④譲　渡　損　益　△800＝①8,000－②8,800

<設例3>

(新しい金融資産・負債が生じるケース)

甲社は，乙社に帳簿価額¥20,000の債権を¥22,000で次のような条件で譲渡し，代金は現金で入金した。なお，この取引は支配の移転についての条件を満たしている。

① 甲社は，買戻権があり，延滞債権のリコース義務（買戻義務）を負い，そして譲渡資産の回収の代行業務を行うものとする。

② この譲渡を財務構成要素に分析すれば，次のとおりである。

	内容	新旧	時価
財務構成要素	① 現金収入	新資産	22,000
	② 回収サービス業務資産	残存部分	2,000
	③ 買戻権	新資産	3,000
	④ リコース義務	新負債	(2,000)
			25,000

▶解　答▶▶▷

(借)	現金	22,000	(貸) 債権	20,000
	回収サービス業務資産	1,600*1	リコース義務	2,000
	買戻権	3,000	債権売却益	4,600*2

◁◀◀解　説◀

① 譲渡収益　23,000＝22,000＋3,000－2,000

② 譲渡原価　$18,400=20,000\times\frac{23,000}{23,000+2,000}$

＊1　③　残存部分の原価　$1,600=20,000\times\frac{2,000}{23,000+2,000}$

＊2　④　譲渡損益　4,600＝①23,000－③18,400

第10章　金融負債の消滅の認識

1　金融負債の消滅の認識のアプローチ

金融資産と同様に，金融負債についても，その消滅の認識について**財務構成要素アプローチ**を採用している。それゆえ，金融負債の財務構成要素を分解し，それぞれの要素ごとに消滅の認識を判断する。

2　金融負債の消滅の認識要件

金融負債については，次のいずれかの**要件**を満たす場合には，**その消滅の認識**を行う（指針43）。

①　債務者が契約上の**義務を履行**したとき

②　契約上の**義務が消滅**したとき

③　債務者が法的な手続きによりないし債務者により，その負債についての**第1次債務者の地位**から**法的に免除**されたとき

＜設　例＞

（金融負債の消滅：手形の更改）

支払手形（額面・簿価とも￥20,000）を更改し，更改料￥500は新手形に含めた。この仕訳を示しなさい。

▶解　答▶▶▷

(借) 支払手形	20,000	(貸) 支払手形	20,500
手形償還損	500		

● 金融負債の消滅の認識のケース ●

	認識要件	具体例
金融負債消滅の認識のケース	義務の履行	・現金や金融資産などでの支払い（返済）
	義務の消滅	・（売建て）オプションなどの不行使 ・保証期間の経過 ・保証対象債務の消滅 ・時効 ・債権放棄など
	第1次債務者の地位からの法的免除	・法的手続きにより現金などと交換に負債を第3者に引受けてもらうとき

3　債務引渡しによる2次的責任

前記③のケースのように，第3者に債務を引受けてもらう場合において，原債務者（元の債務者）は，第3者による債務引受時に，その第3者が倒産などに陥ったとき原債務者が負うことになる**2次的責任**である**単純保証**（単独での保証のこと）を引受ける場合には，それを新たな金融負債として時価により認識し，前受保証料に準じて各期間の損益に合理的に配分する。

なお，2次的責任についての**時価**が**入手できない**ときには，その時価は，2次的責任を考慮しなければ**債務引渡益が生じる**ときには，その取引から**利益**がでないように計算する。また，その取引から**損失**が生じるときには，**ゼロ**とする。

2次的責任の種類と取扱い

2次的責任	単純保証	新負債として時価で認識
	連帯保証	金融負債の消滅はできない

また，2次的責任について時価が入手できないため，ゼロとしたときは，その2次的責任を**保証債務**として取扱う。

さらに，2次的責任について**損失を蒙（こうむ）る可能性が高く**なった場合には，**(損失) 引当金を計上**する（指針45)。

2次的責任の取扱い

摘要	時価		スキーム	当初計上額	以後
2次的責任の取扱い	時価の入手	可能	—	時価	追加損失の発生の可能性が高いときには，損失引当金の計上
		不可能	利益発生*	債務引渡益がゼロとなる金額	
			損失発生*	ゼロ	

* 2次的責任をゼロとしたときに，利益（損失）が生じるケース

4　金融負債の一部の引渡損益の計算

金融負債の一部の引渡損益の計算は，基本的には金融資産の場合と同様に，次のように行う（指針44）。

① 債務引渡対価＝債務引渡支払額＋新負債*1（時価）－新資産（時価）

② 引渡原価＝消滅直前の帳簿価額×$\frac{\text{引渡部分(時価)}}{\text{引渡部分(時価)＋残存部分(時価)}}$

③ 譲渡損益*2＝①債務引渡対価－②引渡原価

＊1　2次的責任はここに入る。
＊2　結果が正は損失，負は利益を示す。

（参考：残存債務の原価∵上記②の活用）

残存債務の原価＝消滅直前の帳簿価額×$\frac{\text{残存部分(時価)}}{\text{引渡部分(時価)＋残存部分(時価)}}$

第11章　その他の諸項目

1　運用結果が元利に反映される社債など

元利（がんり）（元本と利息）が資産の**運用結果により毎月変動**し，それに基づき配当や償還を行う社債などは，その運用実績による純資産額（時価）で評価し，その保有目的により売買目的有価証券ないしその他の有価証券として処理する（指針127）。

2　売上債権などの金利部分

受取手形，割賦売掛金，延払売掛金などの売上債権その他の金銭債権について金利要素が含まれている場合には，**区分法**と**一括法**があるが，キャッシュ・フロー概念の導入や債権の流動化の進展に伴って，**原則**として（すなわち重要性がある場合には）**区分法**により発生時に**現在価値**で計上し，決済期日までの期間にわたり**償却原価法**（すなわち**利息法**（原則法）ないし**定額法**（簡便法））により各期の損益に配分する（指針130）。

◎ 売上債権などの金利部分 ◎

<table>
<tr><td>売上債権</td><td rowspan="2">金銭債権</td><td rowspan="2">金利部分</td><td rowspan="2">重要性</td><td>有</td><td>区分法</td><td>・金銭債権は現在価値で評価
・償却原価法（利息法・定額法）で各期の損益に配分</td></tr>
<tr><td>その他</td><td>無</td><td colspan="2">一括法</td></tr>
</table>

3　商品ファンド

商品ファンドは，運用状況に応じて現金配当があり，かつ満期日ないし満期前償還日に現金で回収されるので，**金融商品**である。

そして，その処理は，その性質に従って**売買目的有価証券**（短期運用目的のもの）ないし**その他有価証券**（中長期の運用目的のもの）に**準じ**て行う。

また，商品ファンドの構成資産が金融資産に該当する場合には，適切な構成部分ごとに会計処理を行う（指針134）。

4　ゴルフ会員権など

ゴルフ会員権などは，それを運営する会社が発行する株式，その会社に対する預託保証金ないし入会金から構成され，**施設利用権**が化体（けたい）されている。そして**株式**や**預託保証金**は**金融商品**なので，これらで構成されるゴルフ会員権などは，基準の対象となる。

この場合，①ゴルフ会員権は**取得原価**で測定する。また，②ⓐそれらに時価があり，その**時価**が**著しく下落**したときや，ⓑ時価がないものについて，その会社の**財政状態が著しく悪化**したときには，有価証券に準じて**減損処理**をする。そして，③**預託保証金**の**回収可能性に疑義**が生じたときは，**貸倒引当金**を設定する（指針135）。

ゴルフ会員権など

<table>
<tr><td rowspan="3">ゴルフ会員権</td><td rowspan="3">施設利用権</td><td rowspan="3">株式方式</td><td rowspan="3">預託保証金方式</td><td colspan="2">(1)　取得時</td><td>取得原価で計上</td></tr>
<tr><td rowspan="2">(2)
その後</td><td>①・著しい時価の下落
・財政状態の著しい悪化</td><td>減損処理</td></tr>
<tr><td>②　預託保証金の回収可能性に疑義</td><td>貸倒引当金の設定</td></tr>
</table>

第１章　基礎概念の定義等

第２章　有価証券の分類

第３章　有価証券の評価

第４章　有価証券の減損

第５章　有価証券の配当と利息

第６章　金銭の信託

金融資産・負債の会計処理

第３編

第７章　デリバティブ取引

第８章　債　　　　権

第９章　金銭債務

第10章　金融資産と金融負債の相殺

第１章　基礎概念の定義等

1　時価の意義

(1)　時価の意義と種類

本基準での**時価**とは，**公正な評価額**（fair value：公正価値）であり，取引を実行するために必要な知識をもつ自発的な独立の当事者が取引を行うと想定した場合の取引価額のことである。

これには，次のような種類がある（指針47）。

時価の種類

時価の種類	公正価値	市場価格	有	①市場価格に基づく価額	優先適用
			無	②合理的に算定された価額	—

なお，市場価格がある場合には，**原則**として，金融資産などの評価にあたり，その**市場価格**を**優先して適用**する。

なお，公正な評価額は，次のようなことを前提としたものである。

公正な評価額の考え方の前提

公正な評価額の前提	①取引内容の理解	取引当事者は，取引対象（金融資産など）の内容・構造・リスクとリターンの特徴などについて，十分な知識があること
	②自発的な取引	取引当事者は，強制されるのではなく，経済的合理性に基づいて，自らの判断により取引を行うこと
	③現況でのキャッシュ・フローの受払額	その金額は，取引当事者がその金融資産などの取得などのために，その時点でキャッシュ・フローとして受払いする金額のこと

(2) 市場価格に基づく価額

この場合，前記①の**市場価格に基づく価額**は，次の市場などにおいて公表されている金融資産の**取引価格**である（指針48）。

市場価格に基づく価額

市場価格の存在するもの	市場価格に基づく価額	取引所取引	取引価格	①（公設の）取引所	
		店頭取引		②店頭市場	ⓐ業界団体（日本証券業協会など）の公表のもの ⓑブローカー[*1]（証券会社や銀行など）の公表のもの
		システム取引		③上記①②に準じて随時売買や換金などが可能なシステム[*2]	

＊1　金融資産の売買の仲介や自己が売手・買手となって，店頭での売買を成立させる業者の総称のこと

＊2　これには，たとえば，ディーラー間市場，証券会社間市場，インターネットなどの電子媒体取引市場などがある。

時価（市場価格のあるとき）の考え方の変化

従来　取引所の相場 ―― 会計ビッグ・バン → 今日　市場価格

・取引が活発（active）で，流動性の高い市場での取引
・その市場価格が公正な評価額の最適な基礎となるので

なお，同一資産につき，複数の市場（取引所・店頭市場・システム上）がある場合には，その資産の**取引が最も活発に行われている市場の取引価格**を継続的に採用する。

(3)　合理的に算定された価額

前記②の**合理的に算定された価額**は，市場価格がないケースないし市場価格を時価とみなせないケースであり，次のものがある（指針53－55）。

合理的に算定された価額

代替的評価額（市場価格の）	市場価格がないか市場価格を時価と見なせないケース	合理的に算定された価額	①比準価格*（比準価格方式などにより算出したもの）
			②将来キャッシュ・フローの割引現在価値
			③普及している理論値モデルやプライシング・モデルによる価格
			なお，上記①から③の方法による価格をブローカーなどから入手して使用できる。

＊　公表されている類似の金融資産の市場価格を基礎として，それに利子率や信用リスクなどの要因を修正して，その資産の合理的な価額を計算したもの

2 付随費用

金融資産（デリバティブを除く）の取得時における**付随費用**は，他の資産と同様に，**取得価額に算入**する（指針56）。

> （デリバティブを除く）金融資産の取得価額 ＝取得時に支払った対価の時価＋付随費用

なお，**デリバティブ**の取得時における付随費用は，取得原価とせず，**費用処理**する。

また，期末の**再評価時**および**保有目的区分の変更時の時価**には，付随費用を含めない。

付随費用の取扱い

時点	取得時		期末評価時・保有目的区分変更時
区分	①②以外の金融資産	②デリバティブ	—
取扱	取得価額に算入	費用処理	時価に付随費用は含めない

付随費用の制度的取扱いの背景

付随費用の取扱い	理論的			本来は取得原価に算入すべきである ➡取得時の（デリバティブ以外の）金融資産の取扱い
	制度的	取得原価に含めない 時価評価時などに	理由	①金融資産の取引市場で**付随費用が縮小傾向**にある（重要性の低下）
				②金融資産の価格に**既に付随費用**が含まれていることがある（付随費用込み価格）
				③時価評価時点で付随費用の**見積が困難**である（実務上の見積困難性）

3　用語の定義

基準では，金融商品の会計処理において用いられる用語を，次のように定義している（指針57）。

① **取得価額**とは，取得時に支払った**対価の時価**に（支払手数料などの）**付随費用**を加算した金額のことである。

取得価額＝対価の時価＋付随費用

② **取得原価**とは，同一銘柄の金融資産の一定時点の価額のことであり，一定時点の**取得価額**からそれまでに計算された**売却原価**を**控除**した金額のことである。

取得原価＝取得価額－売却原価

③ **償却原価**とは，債権ないし債券の**取得価額**に，**取得差額**（金利調整部分のこと）を毎期一定の方法で加減した後の価額のことである。

償却原価＝取得価額±取得差額の調整額

なお，これは，債権（や債券）をその債権（債券）金額より低額ないし高額で取得した場合で，かつその差額が主に金利の調整部分に該当するときのみに適用する。

償却原価法の適用要件

償却原価法の適用要件	①低額・高額取得の債権・債券
	②差額が主に金利調整部分であること

④　**帳簿価額**とは，一定時点において帳簿上に記載している価額のことである。

⑤　**貸借対照表価額**とは，一定時点（通常，期末）において貸借対照表上に記載している価額のことである。

⑥　**評価差額**とは，期末の貸借対照表価額と帳簿価額との差額のことである。

第２章　有価証券の分類

有価証券は，経営者の**保有目的**によって，次の四つのものに**分類**（**保有目的別分類**）する（指針59）。

1　売買目的有価証券

①　意　　　義

これは，**短期間の価格変動により利益を得ることを目的**（**トレーディング**（trading）**目的**）として保有するもので，有価証券の売買を頻繁に繰返しているもののことである。

②　分 類 要 件

なお，売買目的有価証券として分類するためには，原則として，（株主代表訴訟で訴えられるのを避けるなどのために，）**有価証券の売買**を会社の目的の一つとして**定款**（ていかん）（会社の基本事項を定めた書類のこと）**に記載**し，かつ**独立の専門部署**（たとえば，有価証券運用部（課）など）によって，有価証券を**保管・運用**することが必要である。

この例としては，金融機関の**特定取引勘定**がある。

ただし，これらがなくても，有価証券を頻繁に売買している**事実**がある場合には，この事実を重視して，その有価証券を売買目的有価証券とする（指針65）。

◉ 売買目的有価証券の要件 ◉

売買目的有価証券の要件	原則	①有価証券売買目的を定款へ記載 ②独立の専門部署による有価証券の保管・運用
	例外	有価証券を頻繁に売買している事実

2　満期保有目的債券

①　意　　義

これは，満期まで保有する目的の社債や公債のことである。

②　分 類 要 件

満期保有目的債券に分類するためには，まず債券（bond）自体に**価格変動のリスクがないこと**が必要であり，その債券について，ⓐあらかじめ定められた**償還日**があり，かつⓑ**額面金額で**期日に**償還**が行われるものであることが必要である。

さらに，それを保有する企業（経営者）が**満期まで保有する積極的な意思と能力**とが必要である。たとえば，企業の財務内容が悪化したとき，それをすぐに現金化するようでは，この要件は満たされない（指針68－69）。

◉ 満期保有目的債券の要件 ◉

	要件	
満期保有目的債券の要件	①債券自体	ⓐあらかじめ定められた償還日 ⓑ額面金額での償還
	②経営者	満期までそれを保有する積極的な意思と能力のあること

③ 償　還　日

前記要件①ⓐのあらかじめ定められた**償還日**に関して，次のような論点がある（指針68）。

ⓐ **永久債**……（満期がないので）この要件を満たさない

ⓑ **抽選償還の特約付き債券**……（償還が保有者の意図によらないので）この要件は満たす

ⓒ **コーラブル債**（callable bond：償還条項付債券，すなわち満期前に償還できる権利を発行者がコール・オプションとしてもっている債券）……（償還が保有者の意図によらないので）この要件は満たす

ⓓ **プッタブル債**（putable bond：保有者側に償還権がある債券）……（いつでも償還できるので）一般にこの要件を満たさない

ⓔ **転換社債**（株式への転換権のついている社債）……（株価が転換価格を超えて上昇する場合には，通常，転換が行われるので）一般には，この要件を満たさない

償還日と満期保有目的債券

償還日の要件を満たす	×	永久債
	○	抽選償還特約付債券
	○	コーラブル債
	△	プッタブル債
	△	転換社債

（注）○：はい，△：状況による，×：いいえ

④ 額面金額での償還

前記要件①ⓑの**額面金額での償還**に関して，次のような論点がある（指針68）。

ⓐ　**外貨建債券**……（債券がその属性としてもっているある程度の（信用リスクや為替リスクなどの）元本リスクは，この要件を否定するようなものではないので）この要件を満たす

ⓑ　**株価リンク債**（償還時点での平均株価などによって償還元本が増減する（仕組）債）……（リスクが元本に及ぶので）この要件を満たさない

ⓒ　**為替リンク債**（償還時点での為替相場によって償還元本が増減する（仕組）債）……（リスクが元本に及ぶので）この要件を満たさない

額面金額での償還と満期保有目的債券

額面金額での償還の要件を満たす	○	外貨建債券
	×	株価リンク債
	×	為替リンク債

（注）○：はい，×：いいえ

⑤　金利の種類

満期保有目的債券に該当するか否かの判断において，金利の種類は問わない。

金利の種類と満期保有目的債券

満期保有目的債券と金利	金利の種類を問わない	適格	①　固定金利 ②　変動金利 ③　ゼロ・クーポン債*（無利子）

*　**ゼロ・クーポン債**（zero-coupon bond）とは，割引発行される無利子の（中期）債券のこと。

3　子会社・関連会社株式

これは，子会社や関連会社の発行する株式のことである。

4　その他有価証券

これは，上記１から３以外の有価証券のことで，**持合株式**（相互に持合っている株式のこと）などがこれに含まれ，長期的には売却が想定されるものである（指針72）。

● **有価証券の分類** ●

有価証券の分類	保有目的別	市場価格	有	①売買目的有価証券
				②満期保有目的債券
				③子会社・関連会社株式
				④その他有価証券
			無	①市場価格のない有価証券

第３章　有価証券の評価

有価証券は，時価があるか否かおよび保有目的に従って，次のように評価される。

1　時価のあるとき

(1)　売買目的有価証券

これは，**時価法**により評価し，その評価差額は当期の**損益**として処理する（基準第三，二，１）。

ⓐ　**原価＜時価**のケース

（借）**売買目的有価証券** （有　価　証　券）	×××	（貸）**有価証券運用損益**	×××

ⓑ　**原価＞時価**のケース

（借）**有価証券運用損益**	×××	（貸）**売買目的有価証券** （有　価　証　券）	×××

なお，**会計処理**として，**洗替法**（洗替処理：期末に評価替をした金額を翌期首に元の金額に振戻す方法）と**切放法**（切放方式：期末に評価替えをした金額を，翌期首に振戻しを行わず，そのまま翌期の帳簿価額として使用する方法）の**双方が認められる**（指針67）。

◎ **売買目的有価証券の評価の処理方法** ◎

売買目的有価証券の評価の処理方法	選択適用	①洗替法（商法上の配当可能利益の算定の観点から）
		②切放法（当期の業績表示の観点から）

―<設例１>―

（売買目的有価証券の処理：時価評価）

次のような状況にある一連の取引の仕訳を示しなさい。

当社は，３月31日を決算日とする法人であるが，次のような上場株式を売買目的で保有している（ただし，設例の都合上，結果的に長く保有したものとなっている）。

なお，実効税率は40%である。

また，有価証券の処理方法は，切放処理（法）による。

銘柄	X5年度		X6年度	
	取得原価	期末時価	売却時時価	期末時価
甲株式	1,000	1,200		1,300
乙株式	2,000	1,700	2,200*	—
合計	3,000	2,900	2,200	1,300

＊　乙株式を期中で¥2,200で売却し，現金で入金した。

▶解　答▶▶▷

(1)　X5年度末

（借）有価証券運用損益　100*1　（貸）売買目的有価証券　100*2

(2)　X6年度期首

仕訳なし*3

(3)　売却時

（借）現　金　2,200　（貸）売買目的有価証券　1,700*4

有価証券運用損益　500*5

(4)　X6年度末

（借）売買目的有価証券　100*6　（貸）有価証券運用損益　100

◁◀◀解　説◀

＊1　100＝（1,000＋2,000）－（1,200＋1,700）

売買目的有価証券の取得原価の合計額と期末時価の合計額との差額を当期の損益（**有価証券運用損益**）として計上する。

＊2　有価証券の内容を示すために，**売買目的有価証券**という名称を使用しているが，有価証券勘定でもよい。

＊3　売買目的有価証券の評価差額の処理は，次のいずれかを選択できる。なお，本問では切放処理によっている。

売買目的有価証券の処理方法	選択	①洗替処理（法）
		②切放処理（法）

＊4　1,700は前期末時価の数値である。

＊5　500＝2,200－1,700　勘定科目は**有価証券運用損益**（有価証券売却益）を使用する。

＊6　100＝1,300－1,200

(2)　満期保有目的債券

これは，**原価法**ないし**償却原価法**により評価し，その金利調整額は当期の**損益**として処理する（基準第三，二，2）。

ⓐ　**低額取得**のケース

（借）**満期保有目的債券（投資有価証券）**　×××　（貸）**有価証券利息**　×××

ⓑ　**高額取得**のケース

（借）**有価証券利息**　×××　（貸）**満期保有目的債券（投資有価証券）**　×××

なお，償却原価法には，利息法と定額法とがあるが，利息法が原則法とされる（指針70）。

Coffee Break

〔利息法と定額法〕

利息法とは，債権のクーポン（名目利息）受取総額と金利調整差額の合計額（これは**実質的な受取利息総額**を意味し，**利息配分額**のこと）を，債券の帳簿価額に対して一定率（**実効利子率**という）となるように，複利をもって各期の損益に配分する方法のことであり，その利息配分額とクーポン受取額*との差額を**金利調整償却額**として帳簿価額に加減する。

＊　クーポンの既経過分の未収計上額がある場合には，その増減額も加減する。

〔実効利子率の算式と利息法の意味〕

実効利子率＝r，期間＝n

$$\frac{\text{クーポン利息}}{1+r}+\frac{\text{クーポン利息}}{(1+r)^2}\cdots+\frac{\text{元本＋クーポン利息}}{(1+r)^n}=\text{取得原価}$$

両者が一定の関係となる（複利での）利子率（∴実効利子率）

帳簿価額（元本）Ⓐ × 実効利子率 ⓡ ＝ 利息配分額 Ⓑ

（注：利息配分額Ⓑ＝クーポン利息受取額Ⓒ＋金利調整額Ⓓ）

これは，帳簿価額（元本）に実効利子率を剰じたものが，実質的な受取利息であることを示している。

利息配分額Ⓑ－クーポン利息受取額Ⓒ＝金利調整償却額Ⓓ

これは，実質的な受取利息（利息配分額）から名目的な受取利息を差引いた金額が金利調整（償却）額であることを示している。

（前）帳簿価額Ⓐ±金利調整償却額Ⓓ＝償却原価（（新）帳簿価額）Ⓐ’

これは，前の帳簿価額に金利調整（償却）額を加減したものが，償却原価（新しい償却後の帳簿価額）になることを示している。

他方，**定額法**とは，債券の金利調整差額を取得日（ないし受渡日）から償還日までの期間で除して，各期の損益に配分する方法（**期間按分法**）のことであり，その配分額を帳簿価額に加減する。

この方法は，従来，**アキュムレーション法**・**アモチゼーション法**と呼んでいた方法に相当する。

〔定額法の算式〕

$$金利調整（償却）額Ⓐ＝（額面総額－取得原価）\times \frac{当期の期間}{全体期間}$$

これは，取得差額を期間で按分（期間按分）して，金利調整（償却）額を計算することを示している。

（前）帳簿価額Ⓑ±金利調整償却額Ⓐ＝償却原価（（新）帳簿価額）Ⓑ’

これは，前の帳簿価額に金利調整償却額を加減したものが，償却原価（新しい償却後の帳簿価額）になることを示している。

＜設例２＞

（満期保有目的の債券の処理：償却原価法（利息法））

次のような状況にある一連の取引の仕訳をしなさい。

当社は，３月31日を決算日とする法人であるが，X1年４月１日に，次のような甲社社債（既発債）を満期保有目的で取得した。

なお，取得価額と券面額との差額は，すべて金利調整部分であり，償却原価法（利息法）により処理を行うものとする。

また，実効税率は40%である。

社債額面：￥10,000，利率：年６％（年１回３月末後払い）

満期：X4年３月31日，取得価額：￥9,400

▶解　答▶▶▷

(1)　取得日（X1年４月１日）

（借）	満期保有目的債券	9,400*1	（貸）現　金　預　金	9,400

(2)　期末（X2年３月31日）

（借）	現　金　預　金	600	（貸）有価証券利息	600*2
	満期保有目的債券	184	有価証券利息	184*3

(3)　期末（X3年３月31日）

（借）	現　金　預　金	600	（貸）有価証券利息	600
	満期保有目的債券	200	有価証券利息	200*4

(4)　期末（X4年３月31日）と償還

（借）	現　金　預　金	600	（貸）有価証券利息	600
	満期保有目的債券	216	有価証券利息	216*5
	現　金　預　金	10,000	満期保有目的債券	10,000*6

◁◀◀解　説◀

＊1　有価証券の内容を示すために，**満期保有目的債券**という名称を使用しているが，投資有価証券でもよい。

＊2　600＝10,000×0.06×1年

本問では，まず実効利子率を，次のような算式で求めなければならない。

$$\frac{600}{1+r}+\frac{600}{(1+r)^2}+\frac{10,600}{(1+r)^3}=9,400$$

この算式を解くと，実効利子率 r ≒8.34％が求められる。

これにより，利息および償却原価は，次のように計算できる。

日　付	償却原価Ⓐ 帳簿価額 Ⓐ＋Ⓔ＝Ⓐ'	実効利子率 8.34％Ⓑ	利息配分額Ⓒ Ⓐ×Ⓑ＝Ⓒ	(クーポン受取額) 利息受取額Ⓓ	金利調整償却額Ⓔ Ⓒ－Ⓓ＝Ⓔ
考え方	(元本)	×(利率)	＝(利息総額)	－(実際手取額)	＝(調整分)
X1年4月1日	9,400	(8.34%)			
X2年3月31日	9,584＊③		784＊①	600	184＊②
X3年3月31日	9,784		800	600	200
X4年3月31日	10,000		816	600	216
合　計	—	—	2,400	1,800	600

＊①　784≒9,400×0.0834　（端数は，適当に調整している）

＊②　184＝784－600

＊③　9,584＝9,400＋184

＊3　184＝784－600　（表より）

＊4　200＝800－600　（表より）（なお，全体の金額の調整上，金額調整を行っている）

＊5　216＝816－600

＊6　10,000＝9,400＋184＋200＋216

＜設例3＞

（満期保有目的の債券の処理：償却原価法（定額法））

前記設例2の条件のうち「利息法」を「定額法」に変更した場合の処理はどうなるか。

▶解　答▶▶▷

(1)　取得日（X1年4月1日）

（借）	満期保有目的債券	9,400*1	（貸）現　金　預　金	9,400

(2)　期末（X2年3月31日）

（借）	現　金　預　金	600	（貸）有価証券利息	600*2
	満期保有目的債券	200	有価証券利息	200*3

(3)　期末（X3年3月31日）

（借）	現　金　預　金	600	（貸）有価証券利息	600
	満期保有目的債券	200	有価証券利息	200

(4)　期末（X4年3月31日）と償還

（借）	現　金　預　金	600	（貸）有価証券利息	600
	満期保有目的債券	200	有価証券利息	200
（借）	現　金　預　金	10,000	（貸）満期保有目的債券	10,000*4

◁◀◀解　説◀

＊1　有価証券の内容を示すために，**満期保有目的債券**という名称を使用しているが，投資有価証券でもよい。

＊2　600＝10,000×0.06×1年　**有価証券利息勘定**で処理する。

＊3　200＝（10,000－9,400）×1年÷3年

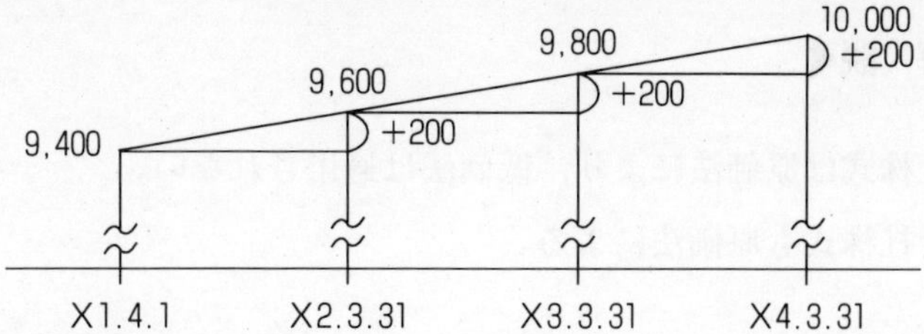

金利調整差額の償却額は，利息の調整額としての性格のものであり，**有価証券利息勘定**で処理する。

＊4　10,000＝9,400＋200＋200＋200

(3)　子会社・関連会社株式

これは，**原価法**によって処理する。

これは，子会社・関連会社は，事業投資に準ずるものと考えられるからである。

＜設例4＞

（子会社・関連会社株式の処理：原価法）

次の状況にある期末の仕訳を行いなさい。

当社は期末に，次のような株式を所有している。

種類	取得価額	期末時価	備　考
A社株式	￥400,000	￥350,000	当社が60%所有している
B社株式	200,000	350,000	当社が30%所有している
合　計	￥600,000	￥700,000	—

▶解　答▶▷▷

仕訳なし

◁◀◀解　説◀

子会社株式は原価法により，低価法は適用されない。

関連会社株式も原価法による。

(4) その他有価証券

① その他有価証券の処理

その他有価証券は，**時価法**により評価するが，その評価差額は，当期の損益とはせず，**税効果調整後**の金額を**資本**の部に**直入**する。

② 資本直入法の種類

なお，評価差額の**資本直入法**（損益計算書を通さずに，資本の部に直接入れる方法のこと）の方法には，次の二つが認められている。

● 資本直入法の種類 ●

資本直入法の種類	①全部資本直入法	原則法	評価差益と評価差損の双方を資本の部に直入する方法
	②部分資本直入法*	例外法	評価差益は資本の部に直入し，評価差損は当期の損失として損益計算書に計上する方法

＊　保守主義の観点からの低価法と同様に考えるものである。

ⓐ 全部資本直入法

㋑ **評価差益**のケース（税効果あり）

（借）**その他有価証券** （投資有価証券）	×××	（貸）**繰延税金負債**	×××
		有価証券評価差額	×××

㋺　**評価差損**のケース（税効果あり）

（借）繰延税金資産　×××　　（貸）その他有価証券　×××
　　　　　　　　　　　　　　　　　（投資有価証券）
　　　有価証券評価差額　×××

ⓑ　**部分資本直入法**

㋑　**評価差益**のケース（全部資本直入法と同じ）

㋺　**評価差損**のケース

（借）繰延税金資産　×××　　（貸）その他有価証券　×××
　　　　　　　　　　　　　　　　　（投資有価証券）
　　　有価証券評価損益　×××

③　評価差額の算定法

なお，その他有価証券の評価差額は，洗替法（洗替方式）に基づいて算定する。

その他有価証券の評価差額の算定法

その他有価証券の評価差額の算定法	洗替法（洗替方式）のみ

＜設例５＞

（その他有価証券の評価益）

次の資料に基づき適切な仕訳を行いなさい。

その他有価証券：取得原価￥1,000，期末時価￥2,000，実効税率40%

▶解　答▶▷▷

（借）その他有価証券　1,000　　（貸）繰延税金負債　400*1
　　　　　　　　　　　　　　　　　　有価証券評価差額　600*2

◁◀◀解　説◀

＊1　400＝（2,000－1,000）×0.4　税効果会計の適用

＊2　600＝1,000－400　資本の部に直入される。

＜設例6＞

（その他有価証券（株式）の処理：全部資本直入法）

次の仕訳をしなさい。

当社は，次のような上場株式をその他有価証券目的で保有している。なお，当社は，全部資本直入法で，かつ洗替処理（法）を採用している。

また，実効税率は40%とする。

種　類	X1年度		X2年度	
	取得原価	期末時価	売却時時価	期末時価
甲社株式	1,200	900		800
乙社株式	1,000	1,200	1,500*	
合　計	2,200	2,100	1,500	800

＊　X2年度中に，¥1,500で売却した。

▶解　答▶▶▷

(1)　X1年度末

(借)	繰延税金資産	120*1	(貸)	その他有価証券	300*3
	有価証券評価差額	180*2			
(借)	その他有価証券	200	(貸)	繰延税金負債	80*4
				有価証券評価差額	120*5

(2)　X2年度期首[*6]

(借) 繰延税金負債	80	(貸) 繰延税金資産	120
その他有価証券	100	有価証券評価差額	60

(3)　X2年度期中（売却）

(借) 現　金　預　金	1,500	(貸) その他有価証券	1,000
		投資有価証券売却益	500[*7]

(4)　X2年度末

(借) 繰延税金資産	160[*8]	(貸) その他有価証券	400
有価証券評価差額	240[*9]		

◁◀◀解　説◀

＊1　120＝300×0.4　税効果分である。

＊2　180＝300×（1－0.4）　税効果控除後の金額で，**資本に直入**されるものである。

＊3　有価証券の内容を示すために，その他有価証券を使用しているが，投資有価証券でもよい。

＊4　80＝200×0.4

＊5　120＝200×（1－0.4）　上記＊2に同じ。

＊6　洗替処理を行う。

＊7　500＝1,500－1,000　原価は¥1,000である。

＊8　160＝400×0.4

＊9　240＝400×（1－0.4）

＜設例７＞

（その他有価証券（株式）の処理：部分資本直入法）

前記設例６の条件のうち「全部資本直入法」を「部分資本直入法」に変えたときに，どのような処理となるか。

▶解　答▶▶▷

(1)　X1年度末

(借)	有価証券評価損益	180*1	(貸) その他有価証券	300
	繰延税金資産	120*2		
(借)	その他有価証券	200	(貸) 繰延税金負債	80
			有価証券評価差額	120

(2)　X2年度期首

(借)	繰延税金負債	80	(貸) 繰延税金資産	120
	その他有価証券	100	有価証券評価損益	180
	有価証券評価差額	120		

(3)　X2年度期中（売却）

(借)	現金預金	1,500	(貸) その他有価証券	1,000
			投資有価証券売却益	500

(4)　X2年度末

(借)	繰延税金資産	160*3	(貸) その他有価証券	400
	有価証券評価損益	240*4		

◁◀◀解　説◀

＊1　$180 = 300 \times (1 - 0.4)$

＊2　$120 = 300 \times 0.4$　税法上，低価法が認められないため，一時差異

となる。

＊3　160＝400×0.4

＊4　240＝400×（1－0.4）

④　取得差額のある債券の処理

その他有価証券に属する債券のうち**取得差額**（取得価額と額面との差額のこと）があるものは，それが金利調整部分であると認められるときは，まず**償却原価法**を適用し，修正を行った上で次にその**償却原価**と**時価**との**差額**を**評価差額**として処理する。

● 取得差額のある債券の処理 ●

取得差額のあるその他有価証券に属する債券の処理方法	金利調整部分	①（まず）償却原価法を適用し，修正を行う
		②（次に）その償却原価と時価との差額を評価差額として処理

＜設例 8 ＞

（その他有価証券（債券）の処理：全部資本直入法）

次の債券の取得日，決算日および翌期首の仕訳を全部資本直入法かつ洗替法で行いなさい。

当社は 3 月31日を決算日とする法人であるが，次のような状況・条件の上場会社の発行する債券（社債）を取得し，その他有価証券として分類した。

取得原価￥99,000（額面￥100,000），償却原価法による決算日の金利調整額￥225，期末時価￥99,600，実効税率40%，なお利息は無視する。

▶解　答▶▶▷

(1)　取得日

（借）その他有価証券　99,000*1　（貸）現　金　預　金　99,000

(2) 期末

（借）その他有価証券	225	（貸）有価証券利息	225*2
（借）その他有価証券	375	（貸）繰延税金負債	150*3
		有価証券評価差額	225*4

(3) 翌期首

（借）繰延税金負債	150	（貸）その他有価証券	375
有価証券評価差額	225		

◁◀◀解　説◀

＊1　有価証券の内容を示すために，その他有価証券を使用している。

＊2　債券の金利調整額を加減する。

＊3　150＝（99,600－（99,000＋225））×0.4　税効果部分

＊4　225＝（99,600－（99,000＋225））×（1－0.4）　資本直入部分

償却原価法適用後の帳簿価額と時価との差額を税効果部分と資本直入部分とに分ける。

2　時価のないとき

有価証券で時価の**ない**ものについては，**原価法**ないし**償却原価法**により評価し，金利調整額は当期の損益として処理する。

● 時価のない有価証券の処理 ●

時価のない有価証券の処理	原価法ないし償却原価法

有価証券の評価方法

	摘要		分類	評価方法	評価差額など
有価証券の評価方法	時価	有	①売買目的有価証券	時価法	当期の損益
			②満期保有目的債券	原価法または償却原価法	当期の損益
			③子会社・関連会社株式	原価法	—
			④その他有価証券	時価法	税効果調整後，資本に直入*
		無	市場価格のない有価証券	原価法または償却原価法	当期の損益

＊：全部資本直入法と部分資本直入法とがある。

なお，有価証券の時価評価で採用される時価の種類を，その種類別に例示すれば，次のとおりである（指針60－62）。

有価証券と主要な時価の例示

区分		時価：市場価格に基づく価額	時価：合理的に算定された価額（自社計算）	時価：合理的に算定された価額（他社計算）
①株式	上場	取引所の終値・気配値	—	—
	店頭登録	業界団体の公表する取引価格	—	—
	その他（非公開）	システム上の取引価格	—	—
②債券	上場	取引所の終値・気配値	—	—
	その他（非上場）	システム上の取引価格	理論価格方式や比準価格方式による価額	○*
③証券投資信託		取引所の終値・気配値 業界団体の公表する取引価格	証券投資信託委託会社の公表する取引価格	○*

＊　ブローカーや情報ベンダー（information vender：専門の情報を有料で提供する業者）から入手した価格のことである。

3　保有目的区分の変更

有価証券の保有目的区分の自由な変更は，利益操作のおそれがあるので，下記の**正当な理由**がある場合を除いて認められない（指針80）。

● 有価証券の保有目的区分の変更可能なケース ●

保有目的区分の変更可能なケース	正当な理由	①資金運用方針の変更や特定の状況の発生 ②本報告（実務指針）による変更 ③持株比率の変動 ④法令や基準などの改正や適用

なお，このような保有目的区分の変更がなされた場合，その振替時の評価額は，変更前の保有目的区分についての評価基準による。

4　満期保有目的債券の売却など

満期保有目的債券と分類したものは，**原則**として**中途**で**売却など**を行う**ことはできない**。

したがって，もし，それらの一部を売却したり，他の区分に振替えた場合には，**残りのすべての債券**について保有目的の変更があったものとして，売買目的有価証券ないしその他有価証券に**振替え**なければならない。

ただし，例外として，次のようなケースでは，その債券を保有し続けることによる**損失や不利益を回避するため**に，一部のものを売却などしても，残りのものについて，満期まで保有する意思を変更したものとはみなさないこととしている（指針83）。

満期保有目的債券の売却などが認められるケース

満期保有目的債券の売却などの認められるケース	①債券の発行者の信用状態の著しい悪化 ②税法上の優遇措置の廃止 ③重要な合併や営業譲渡に伴うポートフォーリオの変更 ④法令の改正や規制の廃止 ⑤監督官庁の規則や指導 ⑥自己資本比率などの算定上使用するリスクウェートの変更 ⑦その他，保有者に起因しない事象の発生

第４章　有価証券の減損

1　時価のあるケース

(1)　減損処理の内容

売買目的有価証券**以外**の有価証券（子会社・関連会社株式を**含む**）のうち時価があるものについては，時価が**著しく下落**し，かつ**回復する見込みがある**と認められる場合を**除き**，その**時価**をもって貸借対照表価額とし，その**評価差額**を当期の**損失**として処理（**減損**（impairment）**処理**という）する（指針91）。なお，これは，以前は**強制評価減**と呼ばれていたものに相当する。

また，その他有価証券については，**切放法**（その（時価への）修正後の取得原価と毎期末の時価とを比較する方法）による（指針91）。

有価証券の減損会計

有価証券の減損会計	時価のある有価証券	(1) 対象	①満期保有目的債券 ②子会社・関連会社株式 ③その他有価証券
		(2) 条件	①時価の著しい下落，かつ ②回復の見込みのある場合を除く
		(3) 処理	①時価で評価 ②評価差額を当期の損失として処理
			その他有価証券については切放法の採用

(2)　著しい下落の判定

この場合，**著しい下落**か否かの判定は，次の基準による（指針91）。

①　下落率**30％未満**……この場合には，著しい下落に**該当しない**。

②　下落率**30％から50％未満**……この場合には，**金額に重要性**があるときには回復可能性を**判定**する（企業が合理的な基準を設ける）。

③　下落率**50％以上**……この場合には，著しい下落に該当し，合理的な反証がない限り**回収可能性はない**ものとみなす。

著しい下落の判定

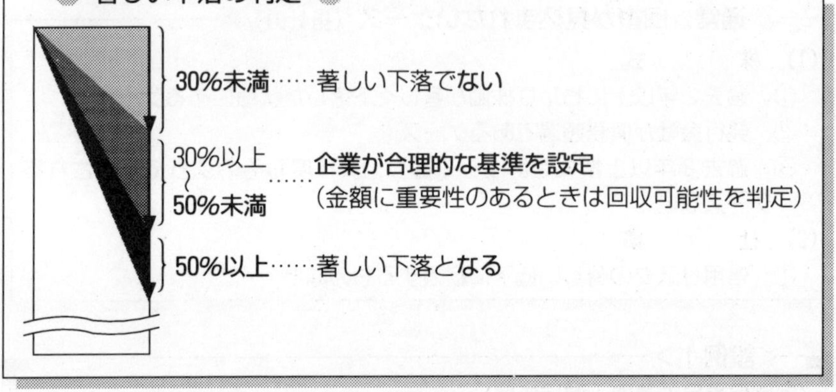

なお，上記の30%から50%の間で金額的に重要性がある場合とは，たとえば，時価の下落率が50%に満たないもののうち時価の下落が著しいと判定した評価差損合計額が，ⓐ税引前損益ないしⓑ剰余金に重要な影響を及ぼすとき，ⓓ減損処理により，配当予定額より配当可能利益が下回るときなどである。

(3)　回復可能性の判定

また，**回復可能性の判定**は，**株式**については，**取得価額までの回復を合理的な根拠に基づき予測**して行い，また**債券**については，**下落の原因**

(たとえば，一般市場金利の大幅な上昇や発行体の信用リスクの増大など）によって判定する。

回復可能性の判定

回復可能性の判定	株式	取得価額までの回復を合理的な根拠に基づき予測できること
	債券	下落の原因に基づき個々に判定

通常，回復が見込まれないケース（指針91）

(1) 株　　式
① 過去２年以上にわたり株価が著しく下落した状態にあるケース
② 発行会社が債務超過であるケース
③ 過去２年以上損失を計上しており，次年度もそのように予想されるケースなど

(2) 社　　債
① 信用リスクの著しい低下に起因するものなど

＜設例１＞

（満期保有目的債券：減損処理）

当社は，甲社社債￥9,600（@￥96/口：100口）（額面総額￥10,000）を満期保有目的で取得したが，同社の財政状態や経営成績などの悪化により，社債の期末時価が@￥45/口と著しく下落し，回復の見込みはないものと予想されるようになった。

必要な仕訳をしなさい。

▶解　答▶▶▷

（借）有価証券評価損　5,100　（貸）満期保有目的債券　5,100*

◁◀◀解　説◀

＊　5,100＝（96－45）×100口

投資有価証券勘定で処理してもよい。

―＜設例２＞―

（子会社株式：減損処理）

当社は，子会社（乙社）の株式（@￥600/株：1,000株）￥600,000を保有しているが，同社が債務超過に陥り，その結果，期末の株価が@￥200/株と著しく下落し，回復の見込みはないものと予想される。

必要な仕訳を示しなさい。

▶解　答▶▶▷

（借）有価証券評価損	400,000＊1	（貸）子 会 社 株 式	400,000＊2

◁◀◀解　説◀

＊1　関係会社株式評価損などでもよい。

400,000＝（600－200）×1,000

＊2　関係会社株式などでもよい。

―＜設例３＞―

（その他有価証券：減損処理）

当社は，丙社の株式（@￥1,200/株：1,000株）￥1,200,000をその他有価証券として保有しているが，同社の経営成績や財政状態などが悪化し，その結果，同社の株価も@￥500/株と著しく悪化し，かつ回復する可能性はないものと予想される。

必要な仕訳を示しなさい。

▶解　答▶▶▷

（借）有価証券評価損　700,000　（貸）その他有価証券　700,000*

◁◀◀解　説◀

＊　700,000＝（1,200－500）×1,000
投資有価証券でもよい。

2　時価のないケース

(1)　時価のない株式

市場価格のない株式は，原則として原価法により取得原価で貸借対照表価額とする。

ただし，例外としてその発行会社の**財政状態の悪化**により**実質価額が著しく低下**したときは，相当の減額を行い，その評価差額は当期の**損失**として処理（**減損処理**）をする（指針92)。これは，従来**実価法**（じっか）と呼ばれていたものに相当する。

なお，著しい低下とは，通常，実質価額が取得価額の**50％以下**になることである。そして，**実質価額**は，発行会社の直近の**財務諸表を基礎**とし，資産などを**時価評価**した評価差額などを**加味**して算定するものとする。

● 時価のない株式の評価 ●

時価のない株式の評価	原則	原価法
	例外	減損処理（実価法）

なお，**実質価額**は，一般に公正妥当と認められる会計基準に基づいて

計算された１株当たりの純資産額に持株数を乗じた金額のことである。

また，この**１株当たりの純資産額**（**実価**）とは，（一般に公正妥当と認められる会計基準に基づいた）純資産額を発行済株式総数で除した金額のことである（指針92）。

実質価額（実価）

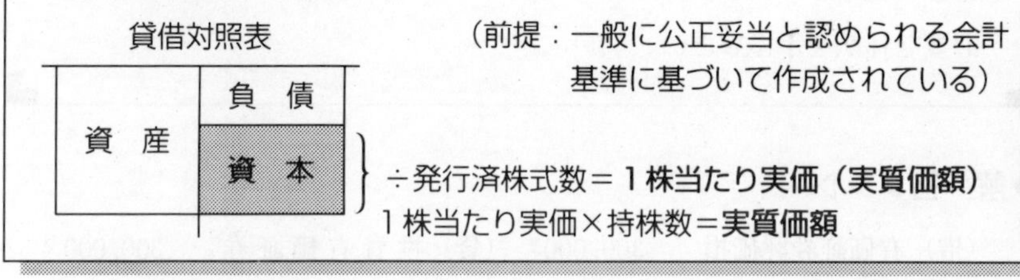

減損処理の要否

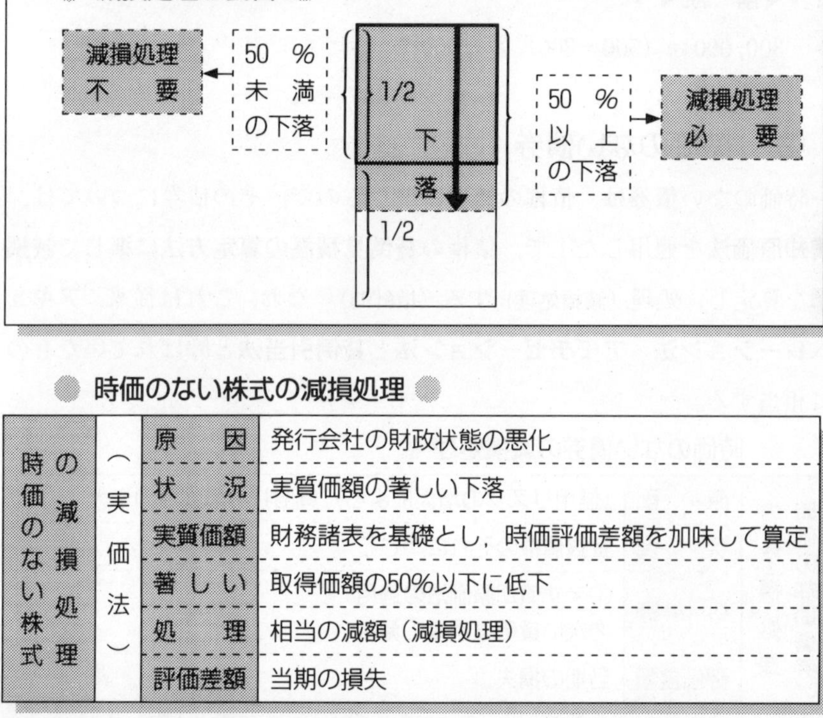

時価のない株式の減損処理

時価のない株式の減損処理	（実価法）	原　因	発行会社の財政状態の悪化
		状　況	実質価額の著しい下落
		実質価額	財務諸表を基礎とし，時価評価差額を加味して算定
		著しい	取得価額の50%以下に低下
		処　理	相当の減額（減損処理）
		評価差額	当期の損失

＜設例４＞

(市場価格のない有価証券：減損処理)

当社は，非公開会社（X社）の株式（@¥500/ 株：1,000株）¥500,000を保有しているが，同社の期末における（財政状態など悪化を反映した財務諸表を基礎に算定した）１株当たりの純資産額は@¥200であり，実質価額が著しく低下している。

必要な仕訳を示しなさい。

▶解　答▶▶▷

（借）有価証券評価損　300,000*　（貸）投資有価証券　300,000

◁◀◀解　説◀

＊　300,000＝（500－200）×1,000株

(2)　時価のない債券

時価のない債券は，債権の処理に準じるので，その債券については，**償却原価法**を適用した上で，債権の**貸倒見積高の算定方法**に準じて**減損額**を算定し，処理（**減損処理**）する（指針93）。なお，これは従来，**アキュムレーション法・アモチゼーション法**と**貸倒引当法**と呼ばれていたものに相当する。

● **時価のない債券の減損処理** ●

時価のない債券の減損処理	原　因	（信用リスクの増大による）貸倒れの危険性の増大
	状　況	金銭債権のそれに準じる
	処　理	①まず償却原価法の適用 ②次に貸倒見積高の算定
	評価差額	当期の損失

第５章　有価証券の配当と利息

1　有価証券の配当金

株式に対する**配当金**（**中間配当金**を含む）は，次のように処理する（指針94）。

(1)　市場価格のある株式

①　**原則**……市場価格の**ある株式**については，**配当落ち日**（配当権利付最終売買日の翌日）に未収配当金を（公表されている１株当たり予想配当額などに基づいて）**見積計上**する。

②　**例外**……**継続適用**を**条件**として，②（市場価格のない株式）に**準じ**て処理できる。

(2)　市場価格のない株式

①　**原則**……市場価格のない株式については，株主総会などの配当の**決議日**に配当金を計上する。

②　**例外**……**継続適用**と決議日後通常要する期間内に支払いを受けることを条件として，**受取日**に配当金を計上することもできる。

有価証券の配当金

	(1)市場価格のある株式		(2)市場価格のない株式	
配当金の処理	①配当落ち日に未収配当金を見積計上	(原則)	—	
	②決議日に計上*1	(例外)	①決議日に計上	(原則)
	③受取日に計上*1*2	(例外)	②受取日に計上*1*2	(例外)

＊1：継続適用を条件
＊2：通常要する期間内に支払いを受けること

2　有価証券（債券）利息

債券についての利息（**有価証券利息**）は，その**利息計算期間**（**起算日**は，約定日ではなく，**受渡日**から）に応じて算定する。

それゆえ，期末に利払日が到来していない分は，原則として**未収利息**を計上する（指針95）。

債券の利息

債券の利息の処理	利　息	利息計算期間に応じて算定
	起算日	受渡日
	未収分	未収利息（未収収益）を計上
	表　示	有価証券利息

3 証券投資信託の収益分配金

証券投資信託の収益分配金については，次のように処理する（指針96)。

(1) (2)を除く，証券投資信託

① **原則**……これについては，その**収益の計算期間終了日に収益分配金**を計上する。

② **例外**……**継続適用**を条件として，**支払日**に計上する方法も認められる。

(2) 追加型証券投資信託で購入後短期間で計算期間の末日の到来するもの

これについては，次の場合には，**払込金**の払戻相当額については，その証券投資信託の**取得原価**を**減額**する（指針94)。

ⓐ 収益分配金のうち，払込金からの払戻し分として**区分**されているケース

ⓑ ⓐのような区分がなされていないとしても，その**ほとんどが払込金からの払戻し**と考えられるケース

これは，追加型証券投資信託について，追加購入者の購入価格が追加設定時の基準価格を基にして計算されるために，その基準価格が元本を上回っているときは，**元本に上乗部分を加算した金額を払込む**ことになっている。そこで，このようなときには，**収益分配金**のうちには，実質的に**払込金からの払戻し部分**が含まれることになる。したがって，払込部分が明示されているときや収益分配金のほとんどが払戻しと考えるものについては，**収益として計上せずに**，**取得原価を減額**するのである。

証券投資信託の収益分配金の取扱い

<table>
<tr><td rowspan="4">証券投資信託の収益分配金の取扱い</td><td rowspan="2">(1)　(2)以外</td><td>①原則</td><td colspan="2">その収益の計算期間終了日に計上</td></tr>
<tr><td>②例外</td><td colspan="2">（継続適用を条件）支払日に計上</td></tr>
<tr><td colspan="2" rowspan="2">(2)　購入後短期間に計算期間末の到来する追加型証券投資信託</td><td>①収益分配金のうち払込金からの払戻分の区分されているケース</td><td rowspan="2">払戻相当額は取得原価を減額する</td></tr>
<tr><td>②区分されていないが，そのほとんどが払込金からの払戻しと考えられるケース</td></tr>
</table>

第6章　金銭の信託

1　金銭の信託の分類

特定金銭信託（投資家から集められた資金で構成される信託財産の運用方法（たとえば，貸付けや有価証券など）が，あらかじめ特定されている金銭信託のこと）や**指定金外信託**(ファンド トラスト)(fund trust）などの**金銭の信託**（金銭を財産として委託する信託のこと。したがって，入口は金銭でなければならない）については，信託の目的を**信託契約の単位ごとに**，次の三つに区分する。

そして，その**保有目的に応じ**て，その信託財産の構成要素としての有価証券の評価方法が決定される（指針97)。

①　運用目的

これは，信託財産の短期的な売買などで信託財産の価値を増大させ，受益者に帰属させるものであり，金銭の信託については一般的に合理的な反証がない限り，運用目的とされる。

②　満期保有目的

これは，満期保有目的の債券に投資するものであるが，これに分類するためには，信託契約で原則として受託者に信託財産構成物の売却を禁止し，かつ債券の償還期限と信託期日とが一致していることが必要である。

③ その他目的

これは，上述の①②以外の目的のものであるが，これに分類するためには，運用目的でも満期保有目的でもないという積極的な証拠が必要である。たとえば，稟議書（担当者が案を作り関係者に回し承認を得る書類のこと）などによって特定の有価証券を長期保有する目的で取得することが明らかで，信託財産構成物である有価証券の売買を頻繁に繰り返していないことなどが必要である。

金銭の信託の目的と処理方法

	保有目的	処理方法
金銭の信託の目的と処理方法	①運用目的	・売買目的有価証券として時価評価 ・評価差額は当期の損益
	②満期保有目的	・満期保有目的債券として償却原価法によって処理
	③その他目的	・その他有価証券として時価評価 ・評価差額は資本に直入する

金銭の信託の分類

金銭の信託の分類	原則	①運用目的
	例外	②満期保有目的 ③その他目的

2 金銭の信託の会計処理

金銭の信託の会計処理は，次のとおりである。

①**信託財産構成物**はそれぞれ金融商品会計基準により処理した場合の評価額をつけ，その合計額で貸借対照表価額とする。

②金銭の信託の信託財産構成物の**取得原価**は，保有する同一資産および他の信託契約とは**簿価分離した取得原価**によって，信託契約ごとに算出する。

また金銭の信託についての損益は，③**原則**として**企業の各会計期間に属する損益**を（金銭の信託の計算期間にかかわらず）その期に計上する。ただし，例外として，企業の期間損益を著しく歪めなければ，継続して**信託の計算期間に基づいて損益**を計上することができる。

そして，④**運用目的**での信託財産構成物である有価証券については，**売買目的有価証券とみなして時価**で評価・処理をする。そして，そこから生じる**評価差額**は当期の**損益**とする（指針98）。

＜設　例＞

（金銭の信託の会計処理）

次の運用目的の特定金銭信託の信託財産構成物に関する資料に基づいて当期末において必要な仕訳を行いなさい。

〔信託財産〕	期首	期末
株式（取得原価）	(3,000)	(3,500)
時　　価	3,200	4,000
預　　金	500	600
未収利息	50	60
信託の貸借対照表価額	3,750	4,660

〔運用損益〕	
株式売買（損）益	555
期末株式評価差額の変動額	300
預金利息（発生ベース）	55
信託運用損益	910

▶解　答▶▶▷

（借）金銭の信託　910　（貸）信託運用損益　910

◁◀◀解　説◀

① 運用目的の金銭の信託における株式は売買目的有価証券とみなし，時価評価する。

② 預金利息は，会社の事業年度に合わせて，発生主義で計上する。

③ 金銭の信託のB/S価額は，各金融資産・負債を時価評価した合計額となる。

第７章　デリバティブ取引

1　デリバティブ取引の評価の概要

デリバティブ取引は，**原則**として**時価（法）**で評価し，その**評価差額**は当期の**損益**とする（基準第三，四）。

この場合，**上場デリバティブ**（取引所に上場しているデリバティブ）**取引**については，**取引所の最終価格**を用いて時価評価する。また，**非上場デリバティブ**（取引所に上場されていないデリバティブ）取引については，経営者の**最善の見積額**（best estimates）を時価として用いて時価評価する。

ただし，**例外**として，**ヘッジ手段**として適格なデリバティブ取引についてはヘッジ**会計**を適用し，また，**時価のないデリバティブ**は，**取得原価**で評価する。

デリバティブ取引の評価の概要

デリバティブ取引の評価の概要	時価	有	ヘッジ会計の適用	無	時価評価	上場デリバティブ	取引所の最終価格
						非上場デリバティブ	最善の見積額
				有	ヘッジ会計		
		無	原価評価（取得原価）				

2　上場デリバティブ

上場デリバティブ取引からの債権・債務は，決算日のその取引所の**最終価格**で**時価評価**し，評価差額は，ヘッジのものを除き，当期の**損益**とする。

なお，委託手数料などの**付随費用**は，時価に加味せず，**費用処理**する（指針101）。

上場デリバティブの処理

上場デリバティブの処理	①評　　価	時価評価
	②時　　価	取引所の最終価格
	③付随費用	時価に加味せず，費用処理
	④ヘ ッ ジ	ヘッジ処理
	⑤評価差額	当期の損益

デリバティブ取引の分類―相場の有無の観点から―

デリバティブ取引	取引所の相場	有	取引所取引	先物取引 上場オプション取引など
		無	相対取引（あいたい）	先渡取引 非上場オプション取引 スワップ取引など

先物取引（futures）とは，市場取引で，契約の時点での価格で，将来の一定日において一定の数量の（金融）商品等を売買する契約のことであり，たとえば，有価証券（指数等）先物取引，金融先物取引，商品先物取引などがある。また，**先渡取引**（forward）とは，特定の対象物（たと

えば，通貨や金利など）を，将来の一定期日に一定価格で売買する取引のことである。これは，先物とは異なり，相対（あいたい）取引であり，証拠金の差入れは不要であり，また，信用リスクを考慮しなければならない。これには，たとえば，為替予約，金利先渡契約（FRA），為替先渡契約（FXA）などがある。そして，**オプション取引**（options）とは，市場取引で，契約時点の価格で将来の一定時点（または一定期間）において特定の対象物を売買する権利であるオプションを売買する取引のことであり，たとえば，有価証券オプション取引などがある。最後に，**スワップ取引**（swaps）とは，相対取引で，当事者間で将来の一定期間にわたり，キャッシュ・フローを交換する取引のことであり，たとえば，金利スワップや通貨スワップなどがある。

＜設例１＞

（デリバティブ①　先渡取引）

当社は３月決算法人であり，X6年３月１日に３か月後受渡しで，その他有価証券として保有する甲社の帳簿価額￥60,000の株式を￥100,000（1,000株@￥100）で売却することを約定した。決算日（３月31日）の時価は@￥110，受渡日（５月31日）の時価@￥120であった。なお，実効税率は40%とする。これに関する一連の仕訳を示しなさい。

▶解　答▶▶▷

(1)　約定日（３月１日）……仕訳なし*1

(2)　決算日（３月31日）

（借）	先渡契約損失	10,000*2	（貸）先渡契約	10,000
（借）	その他有価証券	50,000*3	（貸）繰延税金負債	20,000*4
			有価証券評価差額	30,000*5

(3)　翌日（4月1日）

(借) 先渡契約	10,000	(貸) 先渡契約損失	10,000
(借) 繰延税金負債	20,000	(貸) その他有価証券	50,000
有価証券評価差額	30,000		

(4)　受渡日（5月31日）

(借) 現金預金	100,000	(貸) その他有価証券	60,000
先渡契約損失	20,000*6	投資有価証券売却益	60,000*7

◁◀◀解　説◀

＊1　デリバティブ取引は通常，約定日には損益は生じない。

＊2　10,000＝（110－100）×1,000株

＊3　50,000＝（110－60）×1,000株

＊4　20,000＝50,000×0.4

＊5　30,000＝50,000－20,000

＊6　20,000＝（120－100）×1,000

＊7　60,000＝（120－60）×1,000

＜設例2＞

（デリバティブ②　先物取引）

当社は3月決算法人であり，X5年2月1日にX5年6月**限月**（げんげつ）（期限の月の略称で，受渡期限の月のこと）の国債の先物（@￥95円／口：1,000口）￥95,000を**買建て**（かいだて）（買いの約定をすること），委託証拠金として￥8,550を証券会社に現金で支払った。なお，決算日（3月31日）におけるこの先物の時価は@￥96であり，6月25日においてこの先物の時価@￥97の時点で反対売買し，差金決済し，証拠金とともに現金で入金した。

この一連の仕訳を示しなさい。

▶解　答▶▶▷

(1)　約定日（2月1日）

(借)	先物取引差入証拠金	8,550	(貸)	現　　　　　金	8,550

(2)　決算日（3月31日）

(借)	先物取引差金	1,000	(貸)	先　物　利　益	1,000*1

(3)　翌日（4月1日）

(借)	先　物　利　益	1,000	(貸)	先物取引差金	1,000*2

(4)　反対売買日（6月25日）

(借)	現　　　　　金	8,550	(貸)	先物取引差入証拠金	8,550
(借)	現　　　　　金	2,000	(貸)	先　物　利　益	2,000*3

◁◀◀解　説◀

＊1　1,000＝（96－95）×1,000口

＊2　決算日の反対仕訳（洗替処理）

＊3　2,000＝（97－95）×1,000口

Coffee Break

〔契約とデリバティブ取引〕

契約	双務契約*1	先物取引，先渡取引，スワップ取引
	片務契約*2	オプション取引

＊1　**双務契約**とは，契約当事者の双方が，相互に対価としての債務を負担する契約である。

＊2　**片務契約**とは，契約当事者の一方だけが債務を負担する契約のことである。

＜設例３＞

（デリバティブ③　オプション）

当社は３月決算法人であり，X５年３月１日に権利行使期間３か月後，株価指数13,000のコール・オプションを１単位（１単位：￥1,000）購入し，オプション料￥325,000を現金で支払った。なお，期末の株価指数は14,000であり，時間的価値や価格変動などを考慮したオプションの価値は400,000と計算された。５月31日のオプションの決済期日に株価指数が15,000となったので，オプションを行使し，代金は現金を受取った。

(1)　一連の取引の仕訳を示しなさい。

(2)　もし決済期日に株価指数が12,000となり，オプションを行使しなかったときはどうなるか。

▶解　答▶▶▷

(1) ①　約定日（３月１日）

(借) 買建オプション	325,000	(貸) 現金	325,000

②　決算日（３月31日）

(借) 買建オプション	75,000	(貸) オプション差益	75,000*1

③　翌日（４月１日）

(借) オプション差益	75,000*2	(貸) 買建オプション	75,000

④　決済期日（５月31日）

(借) 現金	2,000,000*3	(貸) 買建オプション	325,000
		オプション差益	1,675,000*4

(2) ④　決済期日（５月31日）

(借) オプション差損	325,000	(貸) 買建オプション	325,000

◁◀◀解　説◀

＊1　75,000＝400,000－325,000

＊2　洗替処理

＊3　2,000,000＝（15,000－13,000）×1,000×1単位

＊4　1,675,000＝2,000,000－325,000

3　非上場デリバティブ

非上場デリバティブ取引の時価は，次のような，経営者により**合理的に算定された時価**（**最善の見積額**）が得られれば，その価額とする（指針102）。

①　インターバンク（inter-bank：銀行間の）市場・ディーラー間市場・電子売買取引など随時決済や換金ができる**取引システムでの気配値**（けはいち）による方法

②　**割引現在価値**による方法

なお，将来キャッシュ・フローの見積りには，信用リスクなどのリスクを加味する。

③　**オプション価格モデル**による方法

たとえば，ブラック・ショールズ・モデルなどを使用する。

なお，上記②③の時価（最善の見積額）は，原則として自ら計算すべきであるが，ブローカーなどから入手したそれらの価格を使用することもできる。

4　時価評価上の留意事項

上記の時価評価は，次のことに留意して行う（指針103）。

① 原則として**手仕舞**（てじまい）**コスト**（**キャンセル・コスト**のことで，デリバティブ取引を解約すると仮定したときに，相手先に支払うべき（ないし受取るべき）価格）を見積ること

② **付随費用**（取引手数料など）は，上場デリバティブと同様に，時価に含めず**費用処理**すること

③ 気配値の売り買いの**幅が大きい**ときには，**資産**は**買い気配**，**負債**は**売り気配**を使用することが望ましいが，幅が**小さい**ときは，**仲値**（なかね）（買い気配と売り気配の中間の値段のこと）でもよいこと

④ **相対**（2人だけの話合いで取決めること）契約であり，**信用リスク**を伴うので，企業自体および取引相手先の信用リスクは，時価評価にあたり原則として**加味**すること

⑤ 流動性リスクなどに重要性があれば考慮すること

● 時価評価上の留意事項 ●

時価評価上の留意事項	
	①手仕舞コストの見積り ②付随費用は費用処理すること ③資産は買い気配，負債は売り気配の使用 （幅の小さいときは仲値でもよい） ④信用リスクの加味 ⑤重要な流動性リスクなどの考慮

5　非上場デリバティブの処理

非上場デリバティブ取引について，**合理的に算定された価額**が算定される場合には，**最善の見積額**を使用して**時価評価**するが，公正な評価額を算定することが**困難**なものについては，**取得価額**で貸借対照表価額とする（指針104）。

後者の例としては，一部のクレジット・デリバティブやウェザー・デリバティブなどがある。

非上場デリバティブの処理

<table>
<tr><td rowspan="4">非上場デリバティブの処理</td><td rowspan="4">合理的に時価評価</td><td rowspan="3">可能</td><td>①時価評価の方法</td><td>①取引システムの気配値法
②割引現在価値法
③オプション価格モデル法</td></tr>
<tr><td>②留意事項</td><td>①手仕舞コストの見積り
②付随費用の不算入
③資産は買い気配・負債は売り気配
④企業自体・取引相手先の信用リスクの加味
⑤流動性リスクなどの加味</td></tr>
<tr><td>評価</td><td>時価評価（最善の見積額）</td></tr>
<tr><td>不能</td><td>評価</td><td>原価評価（取得価額）</td></tr>
</table>

第8章　債　　　権

1　債権の処理

債権の支払日での**金利を反映**して，債権金額と異なる価額で債権を取得した場合には，その**取得価額**で計上し，その取得価額と債権金額との差額（**取得差額**）は，償却原価法で処理する。

この場合，将来キャッシュ・フローの現在価値が取得価額に一致する割引率（**実効利子率**）により，入金額を元本の回収と利息の受取りとに区分する。

なお，**償却原価法**は，**原則**として**利息法**によるが，**例外**として契約上で元利の支払いが返済期限での一括返済のときや規則的に行われるときには，**定額法**によってもよい。

また，債務者の**信用リスク**を反映して債権金額よりその取得価額が低くなっているときは，信用リスクによる価値の低下を加味して将来キャッシュ・フローを見積って，償却原価法で処理する（指針105）。

低額取得のケースと取扱い

低額取得の債権	①金利の調整部分の反映	そのまま	償却原価法の適用
	②債務者の信用リスクの反映	信用リスクによる価値の低下を加味して，将来キャッシュ・フローを合理的に見積った上で	

● 債権の低額・高額取得時の処理 ●

債権の低額・高額取得時の処理	原因	①金利の（調整部分の）反映 ②債務者の信用リスクの反映
	区分	実効利子率により元本と利息に区分
	処理	償却原価法の適用（金利の調整部分について）
	具体的処理	①原則：利息法 ②例外：定額法

＜設例１＞

（信用リスクを反映した低額取得）

当社はX1年4月1日（期首）に，債権金額￥30,000を￥18,594で（現金払い）取得した。

この債権について，債務者の信用リスクを反映して見積った将来キャッシュ・フローは，次のとおりである。

これについて，次の処理を示しなさい。

X2年3月31日	X3年3月31日	合　計
￥10,000	￥10,000	￥20,000

(1)　X1年4月1日（取得日）の仕訳

(2)　X2年3月31日の入金（￥10,000）時の仕訳

(3)　X3年3月31日の入金（￥10,000）時の仕訳

▶解　答▶▶▷

(1)　X1年4月1日（取得日）

（借）債　　　権　18,594　（貸）現　　　金　18,594

(2)　X2年3月31日（入金時）

（借）現　　　金　10,000　（貸）受取利息　930*1

債　　　権　9,070*2

(3)　X3年3月31日（入金時）

（借）現　　金　10,000　（貸）受取利息　476*3
　　　　　　　　　　　　　　　債　　権　9,524*4

◁◀◀解　説◀

① 将来キャッシュ・フローの現在価値が取得原価に一致するような割引率（実効利子率）を求める。

$$\frac{10,000}{(1+r)}+\frac{10,000}{(1+r)^2}=18,594$$

∴実効利子率 r ＝ 5％

② ＊1　（発生する利息）930＝
（取得原価を元本）18,594×（実効利子率）0.05

③ ＊2（元本の返済分）9,070＝（入金額）10,000－（受取利息）930

④ ＊3　476＝（18,594－9,070）×0.05

⑤ ＊4　9,524＝10,000－476

入金額，元利，現在価値の状況

摘　要	入金額	元本残高	実効利子率	利　息	元本回収
X1年4月1日	—	18,594Ⓐ	5％Ⓑ	—	—
X2年3月31日	10,000Ⓒ	9,524Ⓓ	5％	930Ⓔ	9,070Ⓕ
X3年3月31日	10,000	0	5％	476	9,524
（合　計）	(20,000)Ⓖ	—		(1,406)Ⓗ	(18,594)Ⓘ

（説明）① **入金額Ⓖ＝受取利息Ⓗ＋元本回収Ⓘ**

② **受取利息Ⓔ＝元本残高Ⓐ×実効利子率Ⓑ**

③ **元本回収Ⓕ＝入金額Ⓒ－受取利息Ⓔ**

④ **元本残高Ⓓ＝元本残高Ⓐ－元本回収Ⓕ**

2 債権の区分

(1) 原　則　法

債権は，原則として，債務者の**財政状態や経営成績**などに応じて，次の**三つに区分**し（指針106），各区分ごとに貸倒見積高の算定方法が決められている。

① 一 般 債 権

これは，経営状態に重大な問題が生じていない債務者に対する債権のことである（基準第四，一，1）。具体的には，次の②，③以外の債権のことである。

② 貸倒懸念債権

これは，**経営破綻**（経営がどうにもならない状況まで追込まれること）には至っていないが，**返済に重大な問題が生じているか生じる可能性が高い**債務者に対する債権のことである（基準第四，一，2）。

なお，このようなケースには，次のようなものがある。

債務弁済に重大な問題が生じているなどのケース

債務弁済に対して重大な問題	生じている	①債務弁済の1年以上の停滞 ②債務弁済の条件の大幅な緩和など
	生じる可能性が高い	①債務超過 ②実質的に債務超過 ③経営成績などの財務内容に問題があることなど

③　破産更生債権

これは，経営破綻しているか実質的に経営破綻に陥っている債務者に対する債権のことである（基準第四，一，3）。

● 経営破綻などに陥っている債務者 ●

①実際に	経営破綻に陥っている債務者	法的・形式的な経営破綻の事実の発生 たとえば，破産・会社更生・民事再生・清算・会社整理・不渡手形の発生により手形交換所における取引停止処分などの事実の発生
②実質的に		上記の状況にはないが，実質的に経営が行き詰まり，再建不能と見込まれるとき

(2) 簡　便　法

債権は，例外として，次のようなものを基準として，債権区分を行うことができる（指針107）。

① **債権の計上月からの経過期間**……売掛金や受取手形など

② **返済期限からの経過期間**……貸付金や未収金など

● 債権の区分 ●

債権の区分	原則	債務者の財政状態や経営成績などを基礎	①一般債権 ②貸倒懸念債権 ③破産更生債権
	例外	債権の計上月や返済期限からの経過期間を基礎	

3　貸倒見積高の計算

(1)　一 般 債 権

①　一般債権についての貸倒見積高の計算

一般債権については，債権全体ないし同種・同類の債権ごとに，**貸倒実績率法**（過去の貸倒実績率などの合理的な基準で貸倒見積高を計算する方法）により，貸倒見積高を計算する（基準第四，二，1）。

なお，**同種**とは，売掛金・受取手形・貸付金などの別における同一のものをいう。

また，**同類**とは，同種より大きな区分で，営業債権や営業外債権の別や，短期や長期の別における同一のものをいう。

貸倒実績率は，次のように算定する。

$$貸倒実績率=\frac{貸倒損失額}{債権残高}\times 100\%$$

なお，この場合，**算定期間**（貸倒実績率を算定期間）は，一般に，債権の平均回収期間が妥当であるが，1年以下は1年とし，過去2・3年の平均値を用いる（指針110）。

②　発生年度ごとの貸倒実績率の平均値法

この方法は，債権の平均回収期間などから算定期間を決定し，その各（基準）年度の債権残高から（基準）年度以降に発生した貸倒損失の合計額を，その（基準）年度の債権残高で除して，貸倒実績率を求め，その平均値で貸倒見積高を計算するものである。

なお，この場合，当期の貸倒引当金繰入額を計算する際に，当期末に残高のある各（基準）年度の当初債権残高の合計額に対して，上記の平均値を乗じ，さらにそこから当期の貸倒発生額を控除する必要がある点に注意が必要である。

③　合計残高ごとの貸倒実績率の平均値法

この方法は，貸倒の発生を債権の（基準）年度別に区分せず，債権の平均回収期間などから算定期間を決定し，その各（基準）年度以降の平均回収期間で発生した貸倒損失の総額を基準時点の総債権残高で除して計算するものである。

④　貸倒実績率の補正等

期末において存在する一般債権の信用リスクが，毎期同じ程度のものであるならば，将来の貸倒損失の見積計上にあたり過去の貸倒実績率をそのまま使用しうるけれども，期末債権の信用リスクが，外部環境などの変化に伴って，過去の債権の信用リスクと著しく相違する場合には，それらの要因を加味して過去の貸倒実績率を補正して使用することが必要となる（指針111）。

● 貸倒実績率の補正 ●

一般債権の信用リスク	毎期同程度	Yes	過去の貸倒実績率の補正	不要
		No		必要

<設例２>

〔一般債権の貸倒引当金の計上〕

次の資料に基づいて，次の各方法により一般債権に対する貸倒見積高を計算しなさい。

(1)　発生年度ごとの貸倒実績率の平均値による方法（仕訳も示しなさい）

(2)　合計残高ごとの貸倒実績率の平均による方法

（７期から10期（当期）までの各年度の債権残高と貸倒損失の発生状況）

	7期	8期	9期	10(当)期	(累計損失)
①	5,000	2,000	0	0	
②		60	30		(90)
①		4,000	1,000		
②			40	20	(60)
①			6,000	2,000	
②				60	(60)
①				4,000	
②					(—)
① 総計	(5,000)	(6,000)	(7,000)	(6,000)	
②	(0)	(60)	(70)	(80)	

（注）(1)　上段①は期末債権残高，下段②は貸倒れの発生状況

(2)　債権の平均回収年数は２年とし，貸倒損失は基準年度以降１年目，２年目に発生するものと仮定する。

(3)　貸倒引当金の残高はゼロである。

▶解　答▶▶▷

(1)　105　（借）貸倒引当金繰入　105　（貸）貸　倒　引　当　金　105

(2)　153

◁◀◀解　説◀

(1)　7期を基準年度とする貸倒実績率

90÷5,000×100＝1.8％

8期分　60÷4,000×100＝1.5％

これらの2算定期間の貸倒実績率の平均値

(1.8＋1.5)　÷ 2 ＝1.65％

当期（10期）の貸倒引当金繰入額

（　6,000　＋　4,000　）×1.65％－60＝105
（第9期分）（第10期分）　　　　（第9期分）

(2)　7期を基準年度とする貸倒実績率

(60＋30＋40)　÷5,000×100＝2.6％

8期分　(70＋80)　÷6,000×100＝2.5％

2算定期間の貸倒実績率の平均値

(2.6＋2.5)　÷ 2 ＝2.55％

当期（10期）の貸倒引当金繰入額

6,000×2.55％＝153

ただし，この方法は計算が簡単であるが，貸倒損失中に（基準）年度以後に発生したものが含まれるので，貸倒実績率が過大となるという問題点がある。したがって，厳密には，その部分を控除して計算をする必要がある。

(2)　貸倒懸念債権

貸倒懸念債権については，債権の状況に応じて，次のどちらかの方法で貸倒見積高を計算する。なお，同一債権には，その方法の継続適用が要求される（指針113)。

① **財務内容評価法**（必要額）

担保・保証付き債権は，債権額から担保処分見込額と保証回収見込額を控除し，その残額について，債務者の財政状態などを考慮して貸倒見積高を計算する方法

② **キャッシュ・フロー見積法**

元利について，将来のキャッシュ･フローを合理的に見積れる債権は，債権の発生（取得）当初の割引率で割引いた現在価値の総額と債権の帳簿価額との差額を貸倒見積高とする方法

● 貸倒懸念債権 ●

貸倒懸念債権の貸倒見積	選択	①財務内容評価法	債権額から担保などの金額を控除した残額について必要額を見積る方法
		②キャッシュ・フロー見積法*	割引現在価値と簿価との差額

＊（前提条件）：債権の元本と利息の受取りについてのキャッシュ・フローが合理的に見積れることが必要

③ **処理方法の選択**

前述の財務内容評価法とキャッシュ・フロー見積法のどちらを選択すべきかについて，次の場合には，後者による方が望ましいとしている。

すなわち，将来キャッシュ・フローを合理的に見積り可能であり，かつ実際の回収が，担保の処分などによるものではなく，債務者の収益を債権の回収原資とするという方針を採用するとき。

処理方法の選択

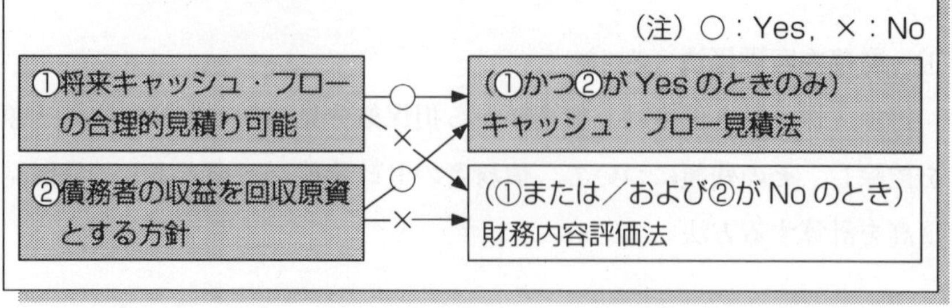

④ 財務内容評価法で考慮すべき事項

上述の財務内容評価法において担保や保証がある場合に，担保などによる回収見込額を決定する上で，考慮すべき事項の例を示せば，次のとおりである（指針114）。

担保・保証での考慮すべき事項

考慮事項	担保	①**担保**は合理的に算出した**時価**で評価 ②担保の信頼性・流通性・時価の変動可能性の考慮 ③簡便法として，一定割合の**掛目**（かけめ）（たとえば，上場株式は評価額の70%など）の適用
	保証	①保証人の保証能力（たとえば，資産や所得の状況など） ②保証の履行の確実性（たとえば，保証契約の有無やその契約内容）

⑤ 財務内容評価法の原則法と簡便法

財務内容評価法の**原則的**な計算方法は，前述のとおりであるが，**例外的に簡便法**として，貸倒懸念債権と最初に取扱った期に，債権から担保処分見込額と保証回収見込額を控除した**残額の50%を貸倒見積高**として引当て，その後毎期それを見直す方法が認められている（指針114）。この方法は，これまでのいわゆる**債権償却特別勘定**と同様なものである。

財務内容評価法

財務内容評価法	①原則法	貸倒見積高 = (債権額 − 担保処分見込額・保証回収見込額) − (債務者からの回収可能見込額) ↑ 債務者の経営成績や財政状態などから総合的に判断
	②例外法	貸倒見積高 = (債権額 − 担保処分見込額・保証回収見込額) × $\frac{1}{2}$ ↑ (従来の) 債権償却特別勘定と同様

<設例3>

(貸倒見積高：貸倒懸念債権①　財務内容評価法)

当社は，甲社に対して￥100,000の売掛金があるが，その返済が1年以上滞(とどこお)っている。甲社から供されている担保の時価は￥20,000と見込まれる。さらに，甲社の経営成績や財政状態から判断すると，債権金額から担保を控除した残額の80%は回収不能と見込まれた。

当期末における貸倒見積りに関する仕訳を示しなさい。

▶解　答▶▶▷

(借) 貸倒引当金繰入　64,000*　(貸) 貸倒引当金　64,000

◁◀◀解　説◀

*　64,000 = (100,000 − 20,000) × 0.8

⑥ キャッシュ・フロー見積法の考え方

従来においては，債権の回収などに関して，債権の元本のみに注目していたのに対して，キャッシュ・フロー見積法は，**貨幣の時間的価値**に注目し，**元利のキャッシュ・フロー全体の割引現在価値**を債権の元本とみるものである。

● 債権の回収などに対する注目の仕方 ●

債権の回収などに対する注目の仕方	従来	債権の元本のみに注目
	今日	**貨幣の時間的価値**に注目し，元利のキャッシュ・フロー全体の割引現在価値を債権の元本とみる

Coffee Break

〔複利計算と現在価値〕

新しい会計で登場したキャッシュ・フローの現在割引価値の中で中心的な概念は，複利計算である。

複利計算とは，単利計算とは異なり，一定期間後の利息を元金に加えたものを次期の元金とし，次の期間ではその新元金に対して利息を計算するものである。

また，**現在価値**とは，**貨幣の時間的価値**を考慮し，将来の一定時点における（キャッシュ・フローの）金額を，利子率で割引いて現在時点の価値に直したものである。

たとえば，￥1,000を年５％の**複利**で１年間運用すると（1,000×（1＋0.05）＝）￥1,050となるが，￥1,050をその**逆数**（$\frac{1}{1+0.05}$）**で割引**いたもの（$1,050\times\frac{1}{1+0.05}=1,000$）が**現在価値**となる。

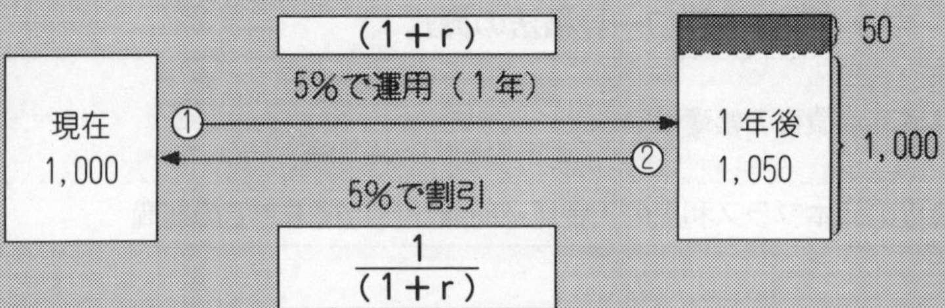

視点：上記①：運用（将来の元利）（現在→将来）

　　　上記②：割引（現 在 価 値）（現在←将来）

複利計算と現在
価値……？？？
ヌーヌーには難しいナ

⑦ キャッシュ・フロー見積法での利子率

キャッシュ・フローを割引く利子率には，債権の発生当初の約定利子率（ないし取得当初の実効利子率），見積（期末）時点の改定約定利子率，期末時点での市場利子率などが考えられる。

このうち，基準では，**当初の約定利子率**によることとしている（指針115）。その理由は，期末時点の改定約定利子率や市場利子率を使用した場合には，債権を時価で評価し直す結果となってしまうために，適切でないと考えるからである。

● キャッシュ・フローを割引く利子率 ●

キャッシュ・フローを割引く利子率	約定時	約定時の当初の約定利子率	採　用
	期　末	改訂約定利子率 市場利子率	不採用

● キャッシュ・フロー見積法の算式 ●

$$\text{貸倒見積高} = \text{債権の帳簿価額} - \frac{\text{債権の元本} + \text{利息}}{(1 + \text{当初の約定利率})^n}$$

n＝債権の元本プラス利息の入金見込時点から当期末までの期間

⑧ キャッシュ・フローの見直し

キャッシュ・フロー見積法においては，将来キャッシュ・フローの見積りは，毎期見直しを行い，貸倒見積高を洗替えることが要求される（指針115）。

⑨　時間の経過による割引効果の実現分のうち貸倒見積高の減額分の取扱い

これは，原則として受取利息とする。

(借) 貸倒引当金	×××	(貸) 受取利息	×××

ただし，貸倒引当金戻入額として処理することも認められる（指針115)。

(借) 貸倒引当金	×××	(貸) 貸倒引当金戻入	×××

割引効果の実現分のうち貸倒見積高の減額分

貸倒見積高の減額分	原則	受取利息
	例外	貸倒引当金戻入れ

＜設例４＞

（キャッシュ・フロー見積法による貸倒見積り）

債権金額￥100,000，約定利子率年６％（年１回期末に後払い），残存期間３年の債権を，X1年３月31日利払後に約定利子率を２％に引下げる条件緩和を行ったとき，必要な貸倒引当金の処理を行いなさい。

(1)　X1年３月31日
(2)　X2年３月31日
(3)　X3年３月31日
(4)　X4年３月31日

▶解　答▶▶▷

(1)　X1年3月31日

(借) 貸倒引当金繰入	10,692	(貸) 貸倒引当金	10,692

(2)　X2年3月31日

①　**受取利息**として処理するケース

(借) 現金預金	2,000*1	(貸) 受取利息	5,359*2
貸倒引当金	3,359*3		

＊1　入金額（利息）

＊2　5,359（発生する利息）≒89,308（元本）×（当初の約定利率）6％

＊3　3,359（貸倒引当金の取崩額）＝5,359－2,000

なお，この結果貸倒引当金残高は，次（¥7,333）のようになる。

債権金額	100,000
現在価値	92,667
差額	**7,333**

差額 7,333 ←一致→ **残高**

貸倒引当金

X2/3/31	3,359	X1/3/31	10,692
残高	**7,333**		
	10,692		10,692

そして，将来CFの見積りがX1年3月31日と変わらないときには，貸倒引当金（の残高）は，債権金額（¥100,000）とその（割引）現在価値（¥92,667）との差額（¥7,333）に一致する。

②　**貸倒引当金戻入れ**として処理するケース

(借) 現金預金	2,000	(貸) 受取利息	2,000
貸倒引当金	3,359	貸倒引当金戻入	3,359*

＊　3,359＝92,667（X2年3月31日の現在価値）－89,308（X1年3月31日の現在価値）

(3)　X3年3月31日

①　**受取利息**として処理するケース

(借) 現金預金	2,000	(貸) 受取利息	5,560*1
貸倒引当金	3,560*2		

*1　5,560＝92,667×0.06

*2　3,560＝5,560－2,000

②　**貸倒引当金戻入れ**として処理するケース

(借) 現金預金	2,000	(貸) 受取利息	2,000
貸倒引当金	3,560	貸倒引当金戻入	3,560*

*　3,560＝96,227－92,667

(4)　X4年3月31日

①　**受取利息**として処理するケース

(借) 現金預金	2,000	(貸) 受取利息	5,773*1
貸倒引当金	3,773*2		
現金預金	100,000*3	債権	100,000

*1　5,773＝96,227×0.06

*2　3,773＝5,773－2,000

*3　債権の回収

②　**貸倒引当金戻入れ**として処理するケース

(借) 現金預金	2,000	(貸) 受取利息	2,000
貸倒引当金	3,773	貸倒引当金戻入	3,773*
現金預金	100,000	債権	100,000

*　3,773＝100,000－96,227

◁◀◀解　説◀

キャッシュ・フロー（ＣＦ）の見積り

摘　　　要	X2年3月31日	X3年3月31日	X4年3月31日	合　計
当初契約上のＣＦ	6,000	6,000	106,000	118,000
条件緩和後のＣＦ（当初見積り）	2,000	2,000	102,000	106,000
約定利子率６％における現在価値割引率	1.06	$(1.06)^2$	$(1.06)^3$	—

各利払日において予想される条件緩和後の将来CFが，当初見積り（X1年3月31日）と同じ場合の，そのCFの割引現在価値。

ＣＦの割引現在価値

摘　　　要	X2年3月31日	X3年3月31日	X4年3月31日	合　計
X1年3月31日	〈利息〉 1,887	〈利息〉 1,780	〈元利〉 85,641	89,308
X2年3月31日		1,887	90,780	92,667
X3年3月31日			96,227	96,227

条件緩和に伴い，債権金額￥100,000と予想将来CFを当初約定利子率（6％）で割引いた現在価値￥89,308との差額￥10,692を貸倒引当金に計上する。

(3)　破産更生債権等

①　破産更生債権等についての貸倒れの見積り

破産債権等については，**債権額**から**担保処分見込額**と**保証回収見込額**を**控除**し，その残額を**（全額）貸倒見積高**とする（**財務内容評価法**）（基準第四，二，3）。

破産更生債権等の貸倒見積高の算式

貸倒見積高＝債権額－（担保処分見込額＋保証回収見込額）

② 清算配当等の回収可能見積額の取扱い

清算配当等により回収が可能であると見込まれる金額は，貸倒引当金の設定に際して，債権金額から減額できる（指針117）。

清算配当等の取扱い

清算配当等	通知額	貸倒引当金の設定上，債権金額から控除
	合理的見積額	

＜設例５＞

（破産更生債権等に対する貸倒見積り）

債権金額￥50,000で，担保（時価￥20,000，原価￥16,000）のある債権が，期末に実質的に破産更生債権に該当し，担保以外は回収不能と判断された。貸倒れの見積りに必要な仕訳を示しなさい。

▶解　答▶▷▷

（借）貸倒引当金繰入　30,000*　　（貸）貸 倒 引 当 金　30,000

◁◁◀解　説◀

＊　30,000＝50,000－20,000

担保は，原価ではなく，その時の現況（時価）により評価する。

4 劣後債権等

劣後債権・劣後受益権・資産担保型証券などの債権の内容が特殊なものは，その発生しうる**最大の損失見積額**に基づいて，**貸倒見積高**を計算する（指針118）。これは，これらの債権が，特定の条件の下で，通常の債権を上回る高い信用リスクを生じるためである。

ここに**劣後債権**とは，たとえば，債権の流動化のために，証券化を目的として特別目的会社（SPC）に債権を譲渡したとき，信用を補完し，証券の売却をスムーズに行うために，外部投資家に発行した証券に対する元利金の返済を優先し，自己がそのSPCから譲渡資産の対価の一部として取得した債権の回収を劣後させる条件を付した場合の，その債権のようなものである。

劣後債権等の貸倒見積高

劣後債権等の貸倒見積高	発生しうる最大の損失見積額に基づいて算定

Coffee Break

〔債権の流動化〕

債権を流動化する過程は，(原)債務者(元の債務者)，(原)債権者(オリジネーター)，SPV(special purpose vehicle)，投資家で構成され，次のような流れになっている。

〔債権の流動化の過程〕

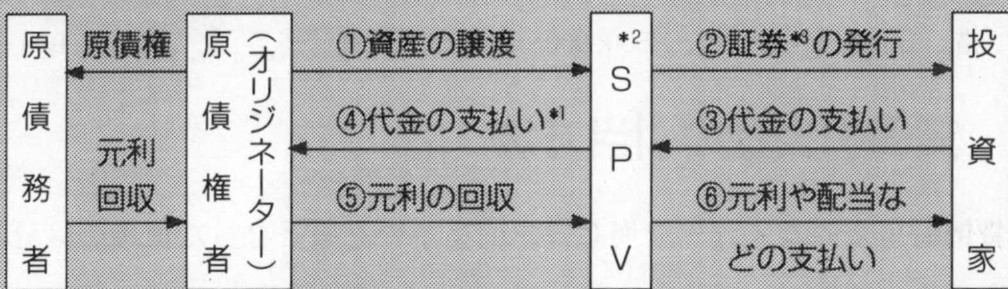

＊1　債権(資産)の流動化(現金化)

＊2　SPVとしては，たとえば，SPC(special purpose company：特別目的会社)，信託，組合などがある。

＊3　発行される証券には，たとえば，社債，CP(commercial paper)，出資証券，信託受益権証券などがある。

ハ～イ〃　ヌーヌーで～す！
会計も金融商品や年金などで
時価評価が入ってきて……？？？
複雑になってきたナ……！

<設例6>

(劣後債権等に対する貸倒れの見積り)

当社は期末に劣後債権として¥600,000を保有するが，これに対する最大の損失見積額は¥500,000と予想される。貸倒れの見積りに関する必要な仕訳を行いなさい。

▶解　答▶▶▷

(借) 貸倒引当金繰入	500,000	(貸) 貸倒引当金	500,000

5　貸倒引当金の引当方法

貸倒引当金の繰入れ・取崩しは，引当ての対象となった債権の区分ごとに行う（指針122）。

6　直接減額による取崩し

債権で，その回収可能性がほとんどないと判断された場合には，貸倒損失額を債権から直接減額して，その貸倒損失額とその債権についての前期貸倒引当金残高の，いずれか少ない金額まで貸倒引当金を取崩し，当期貸倒損失額と相殺する（指針123）。

7　債権の未収利息の不計上

(1)　債権の未収利息の不計上

債権の未収利息のうち，利払日を**相当期間経過**しても**利息の支払いのない債権**や破産更生債権等については，既に計上されている**未収利息**を当期の損失として処理し，かつ**それ以後**の利息を計上してはなら**ない**。

このような利息を**不計上とする延滞期間**は，その回収可能性が損なわれたと考えられる期間であり，通常，債務者の状況などを考慮して**6か月から1年位**である。

未収利息の処理

未収利息の処理	①原則	（発生主義） 経過勘定項目（未収利息）として処理
	②例外	（現金主義……重要性の原則の適用） 経過勘定項目とせず，現金受取時に処理
	③特例	（保守主義の原則の適用） 未収利息の不計上（特殊な状況に陥ったとき）

なお，既に計上されている未収利息の残高を損失として処理する方法には，次の二つの方法がある（指針119）。

① 原　則　法

この方法は，**当期分**の利息については，**受取利息**を**取消**し，**前期以前分**は，**貸倒損失の計上**ないし**貸倒引当金の目的使用**として取崩して処理する方法である。

② 簡　便　法

①の原則法の適用が困難な企業は，例外的に，**受取利息**から**控除**する方法によることができる。

債権の未収利息の不計上

債権の未収利息の不計上	対　　象	①利払日を相当期間経過しても利息の支払いのない債権 ②破産更生債権等
	処　　理	①既計上の未収利息を損失として処理 ②それ以後の利息の計上禁止
	延滞期間	・回収可能性が損なわれたと考える期間 ・通常６か月から１年位
	処理方法	①原則法：当期分は受取利息の取消し，過年度分は貸倒損失ないし貸倒引当金の目的取崩しとして処理 ②簡便法：受取利息から控除する方法

＜設例７＞

（債権の未収利息の不計上）

当社は，期末において甲社に対して，債権￥1,000,000（担保はない）があり，この債権が破産債権となった。これに対して延滞期間13か月に及ぶ，前期分￥5,000，当期分￥60,000の未収利息（未収利息計上済）がある。貸倒れの見積りと利息についての適切な仕訳をしなさい。

(1)　原則法によるケース

(2)　例外法によるケース

▶解　答▶▶▷

(1)　原則法によるケース

（借）	貸倒引当金繰入*1	1,000,000	（貸）貸倒引当金	1,000,000
	受取利息	60,000*2	未収利息	65,000
	貸倒引当金（貸倒損失）	5,000*3		

(2)　例外法によるケース

(借) 貸倒引当金繰入	1,000,000	(貸) 貸倒引当金	1,000,000
受取利息	65,000*4	未収利息	65,000

◁◀◀解　説◀

＊1　破産債権に対する貸倒れの見積り計上。

＊2　当期分は受取利息を取消す。

＊3　前期分は貸倒引当金の取崩し，または貸倒損失の計上をする。

＊4　前期分・当期分ともに受取利息から控除する方法。

(2)　一部入金の処理

上述のような未収利息の不計上債権に対して後日**入金**があった場合，その契約に基づく**利息の支払いであることが明確**なときには，**利息部分**は**利息**の入金とし，**その他**は**元本**の（返済）入金として処理する（指針120）。

● **一部入金の処理** ●

未収利息の不計上債権に入金	契約に基づく利息の支払いであるか否か	利息部分	利息の入金
		その他の部分	元本の(返済)入金

<設例8>

(未収利息の不計上した債権からの一部入金)

前期末に破産債権（￥1,000,000）として取扱ったもののうち，現金￥200,000(うち￥150,000は元本の返済，￥50,000は利息の支払い）が回収された。

適切な処理をしなさい。

▶解　答▶▶▷

(借) 現　　　　金	200,000	(貸) 破産更生債権	150,000
		受取利息	50,000

(3) 再計上の要件

未収利息の不計上債権は，次のすべての要件を満たし，元利の回収可能性が回復したとき，未収利息計上債権に戻す（指針121）。

① 債権が**一般債権への区分要件**を**満**たしていること

② 債権が**元利**とも原契約の条件で**延滞を解消**していること

第9章　金銭債務

1　金銭債務

支払手形・買掛金・借入金などの**金銭債務**は，時価評価を行わず，**原則**として**債務額**（社債は**社債金額**）をもって貸借対照表価額とする（**原価法**）。ただし，割引・打歩発行の社債は**繰延償却法**（による定額法）で処理する（指針126）。

なお，**繰延償却法**とは，債券の償却原価法に準じて，発行差額を社債利息の調整として，その利息期間にわたって配分する方法のことである。

なお，デリバティブ取引から生じるものを除き，基本的に金銭債務を時価評価せず，原価評価する理由は，借入金などのように一般的な市場が存在しないことや，社債のように，たとえ市場があるものでも，自己の社債を時価で清算するのには事業遂行上などの制約があると考えられるためである。

金銭債務の原価評価の理由

金銭債務	原価評価の理由	①一般的な市場がないこと ②市場があっても，その清算には事業遂行上などの制約があることなど

金銭債務の貸借対照表価額

金銭債務	デリバティブ取引のもの	No	支払手形 買掛金 未払金 その他	債務額	貸借対照表価額
			社債	社債金額	
		Yes	デリバティブ取引からの債務	時価	

社債の処理

①発行方法	①平価発行：社債金額＝発行価額 ②打歩発行：社債金額＜発行価額 差額は社債発行差金（繰延資産） ③割引発行：社債金額＞発行価額 差額は社債発行差金（固定負債）
②社債発行差金の処理	①繰延償却法
	②両建計上（社債金額と相殺しない）
	③償却：定額法（繰延資産は商法上均等額以上の償却が要求され，利息法では商法違反となるので）
	④償却費：社債利息に加減して処理（利息の修正と考えるので）

＜設例１＞

（金銭債務の処理）

当社は，甲商品￥400,000を仕入れ，代金として￥300,000の手形を振出し，残額は掛とした。適切な仕訳を示せ。

▶解　答▶▷▷

(借) 仕　　　入	400,000	(貸) 支払手形	300,000
		買　掛　金	100,000

＜設例２＞

(社債の処理)

当社はＸ年４月１日に，次の条件で社債額面総額￥10,000を@￥97（単価@￥100）で発行し，払込金は当座預金とした。なお，社債発行のための費用￥36を現金で支払った。

〔条件〕利率年８％，償還期限５年，利払日年２回９月末と３月末，決算日３月31日，商法規定に従う。

(1)　発行時の仕訳

(2)　発行後第１回目の決算時の仕訳（利息半年分の現金払いを含む）

▶解　答▶▷▷

(1)　発行時

(借) 当座預金	9,700*1	(貸) 社　　債	10,000*2
社債発行差金	300*3		
社債発行費	36*4	現　　金	36

(2)　決算時

(借) 社債発行差金償却	60*5	(貸) 社債発行差金	60
社債発行費償却	12*6	社債発行費	12
社債利息	400*7	現　　金	400
社債利息	60*8	社債発行差金償却	60

◁◀◀解　説◀

＊1　9,700＝10,000×97÷100

＊2　社債額面で計上する。

＊3　300＝10,000×（100－97）÷100

繰延資産で，両建計上する。

＊4　繰延資産で3年で償却する。

＊5　60＝300÷5年

＊7　400＝10,000×0.08×6月÷12月

＊8　社債発行差金の償却額を社債利息に加減する。

第10章　金融資産と金融負債の相殺

金融資産などの**表示**は，次のとおりである。

① **原則**……金融資産などを**総額**で**表示**する。

② **例外**……次のすべての要件を満たす場合には，**相殺**して**表示**できる（指針140）。

ⓐ **同一相手先**への**金銭債権**と**金銭債務**であること

ⓑ 相殺が**法的に有効**であり，かつ企業が相殺をする**能力**を有すること

ⓒ 企業が相殺決済の**意思**を有すること

③ **特例**……デリバティブ取引については，次の要件のすべてを満たすとき，相殺表示できる。

ⓐ 同一相手先とのデリバティブ取引の（時価評価）金融資産と金融負債であること

ⓑ 法的なマスターネッティング契約の存在とその適用範囲内のものであること

金融資産・負債の表示

<table>
<tr><td rowspan="3">金融資産・負債の表示</td><td>原則</td><td colspan="3">総額表示</td></tr>
<tr><td>例外</td><td rowspan="2">純額表示（容認）</td><td colspan="2">次のすべての要件を満たすとき
① 同一相手先への金銭債権・債務
② 相殺の法的有効性と能力
③ 相殺決済の意思</td></tr>
<tr><td>特例</td><td>デリバティブ取引</td><td>次のすべての要件を満たすとき
① 同一相手先とのデリバティブ取引の（時価評価）金融資産・負債
② 法的に有効なマスターネッティング契約の適用範囲内のもの</td></tr>
</table>

第4編 ヘッジ会計

第1章　ヘッジ会計の意義と方法

1　ヘッジ会計の意義

(1)　ヘッジ会計の意義

ヘッジ（hedge）とは，ヘッジの対象となる資産・負債（**ヘッジ対象**）の相場変動などによる損失の可能性を，これと反対方向に変動する資産・負債（**ヘッジ手段**）を利用して相殺ないし減少させることであり，このためになされる取引が**ヘッジ取引**である。

そして，**ヘッジ会計**（hedge accounting）とは，**ヘッジ対象**についての**損益**と**ヘッジ手段**についての**損益**を**同一会計期間**に**認識**することにより，ヘッジの効果を財務諸表に反映させる特殊な処理のことである（基準第五，一）。

● ヘッジ ●

摘　要	説　　　明
①ヘッジ	ある資産・負債について生じる損失の可能性を，それと反対方向に変動する（資産・負債）取引を利用して減殺すること
②ヘッジ取引	ヘッジのために行われる取引のこと
③ヘッジ対象	ヘッジの対象となる資産・負債のこと
④ヘッジ手段	ヘッジ対象と反対方向に変動し，ヘッジのために利用される（資産・負債）取引のこと。通常，デリバティブ取引が利用される。

⑤ヘッジ会計	ヘッジ対象の損益とヘッジ手段の損益とを同一会計期間に認識するようにする会計のこと
⑥ヘッジの例	為替変動リスクのヘッジのための為替予約 金利変動リスクのヘッジのための金利スワップ 価格変動リスクのヘッジのための商品先物取引など

(2) ヘッジ会計の導入の背景

ヘッジ会計が導入された背景としては，会計ビッグ・バンに伴い，原則としてヘッジ手段であるデリバティブ取引は，実現しなくても時価評価され，損益として認識されることになったが，ヘッジ対象についての相場変動損益は実現されるまで認識されないこととなる。このような場合には，ヘッジ対象の**リスク**がヘッジ手段により**相殺されるという経済的実態**（対応関係）が正しく財務諸表に反映されなくなる。そこで，この経済的実態（対応関係）を正しく財務諸表に反映させるために，ヘッジ会計が導入されたのである。

ヘッジ会計の導入の背景

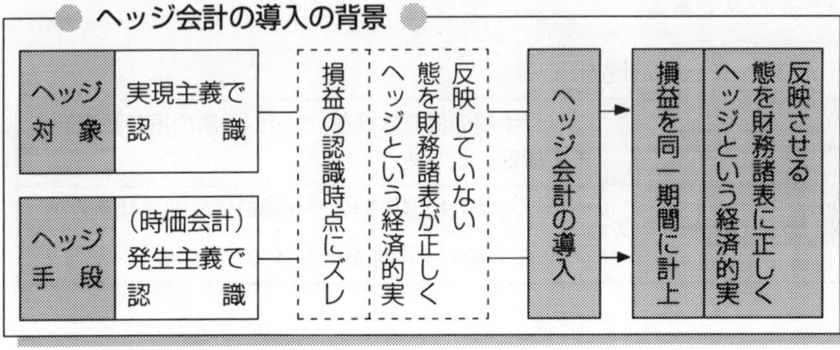

2　ヘッジの処理方法

ヘッジの**処理方法**としては，**繰延ヘッジ**と**時価ヘッジ**とがあり，原則として前者の繰延ヘッジによる。

(1)　繰延ヘッジ

これは，（**時価評価**されている）ヘッジ手段についての**損益**や**評価差額**を，（**原価・実現主義**で認識される）ヘッジ対象についての損益が認識されるまで，**資産**ないし**負債**として**繰延べる方法**のことである。

(2)　時価ヘッジ（fair value hedge）

これは，（**時価評価**されている）ヘッジ対象についての相場変動などを**損益に反映**させることにより，その損益とヘッジ手段についての損益を同一の会計期間に反映させる方法である。

なお，現在の日本では，時価ヘッジは，**その他有価証券**がヘッジ対象のときのみである。

ヘッジの処理方法

ヘッジの処理方法	①繰延ヘッジ	ヘッジ手段の損益などを，ヘッジ対象の損益認識時点まで繰延べる方法
	②時価ヘッジ	ヘッジ対象の相場変動などを損益に反映させる方法
		（ヘッジ対象）その他有価証券のときのみ

<設例１>

(その他有価証券のヘッジ①　繰延ヘッジ)

次の資料に従い，繰延ヘッジ法に基づき仕訳を示しなさい。

その他有価証券：原価￥10,000，時価￥9,000

上記その他有価証券の相場変動リスクをヘッジするためのデリバティブの含み益￥1,000がある。なお，税効果は無視する。

▶解　答▶▶▷

(その他有価証券：繰延ヘッジ)

(借)	有価証券評価差額	1,000*1	(貸) その他有価証券	1,000*3
	デリバティブ	1,000*2	繰延ヘッジ利益	1,000*4

◁◀◀解　説◀

＊1　資本項目である。

＊2　資産項目である。

＊3　時価評価して減少する部分。

＊4　負債項目である。

<設例２>

(その他有価証券のヘッジ②　時価ヘッジ)

前記設例１の「繰延ヘッジ法」を「時価ヘッジ法」に条件を変更した場合はどうなるか。仕訳を示しなさい。

▶解　答▶▶▷

（その他有価証券：時価ヘッジ）

（借）	有価証券評価損益	1,000*1	（貸） その他有価証券	1,000
	デリバティブ	1,000*2	デリバティブ評価益	1,000*3

◁◀◀解　説◀

＊1　1,000＝10,000－9,000　営業外費用項目である。

＊2　資産項目である。

＊3　営業外収益項目である。

3　ヘッジ対象

次のようなものが，ヘッジの対象となる（指針148，149）。

(1)　相場変動を相殺するヘッジの対象項目

これは，次のものがある。

ⓐ　相場変動損失の可能性のある資産・負債で，その資産・負債についての相場変動などが評価に反映（**時価評価**）**されていない**もの

たとえば，棚卸資産，固定金利の借入金や貸付金などがある。

ⓑ　相場変動損失の可能性のある資産・負債で，その資産・負債についての相場変動などが評価に反映（**時価評価**）**されている**が，**評価差額**が**損益**として処理されて**いない**もの。

これには，その他有価証券がある。

これらのものが，**相場変動を相殺するヘッジ**（IASでは**公正価値ヘッジ**と呼んでいるもの）の対象項目である。

(2) キャッシュ・フローを固定するヘッジの対象項目

これには，資産・負債に伴うキャッシュ・フローが変動するものが含まれる。

たとえば，変動利付の貸付金や外貨建の予定取引などがある。

これらが，**キャッシュ・フローを固定するヘッジ**（IASでは，キャッシュ・フロー・ヘッジと呼ぶもの）の対象となる項目である。

● ヘッジ対象 ●

ヘッジ対象	公正価値ヘッジ	相場変動を相殺するヘッジ	①時価評価されていないもの	固定金利の貸付金 固定金利の借入金 棚卸資産など
			②時価評価されているが，評価差額が損益でないもの	その他有価証券
	CFH	CFを固定するヘッジ	資産・負債に伴うCFの変動するもの	変動金利の借入金 外貨建の予定取引（輸出入）など

（注） CFH：キャッシュ・フロー・ヘッジ，CF：キャッシュ・フロー

(3) ヘッジ対象となりうる予定取引

ヘッジ対象となりうる予定取引には，次のようなものがある（基準，注12）。

① 予定取引のうち，取引予定時期・物件・量・価格などの**主要な取引条件**が合理的に**予測可能**であり，かつそれが**実行される可能性**が**極めて高い**取引（**契約未締結予定取引**）

② **未履行の確定契約**による取引（**未履行確定契約**）

なお，これらに該当するか否かは，次のような基準を総合的に考慮して判断する（指針162）。

① 過去の同様の取引頻度

② その予定取引を行う能力

③ その予定取引の不履行による不利益

④ 同様の効果・成果をもたらす他の取引の有無

⑤ 予定取引までの期間

⑥ 予定取引数量など

予定取引の取扱い

<table>
<tr><td rowspan="3">予定取引</td><td>原 則</td><td rowspan="3">ヘッジ対象</td><td colspan="3">ならない</td></tr>
<tr><td rowspan="2">例 外
(特例)</td><td rowspan="2">なる</td><td>①契約未締結
予定取引</td><td>主要な取引条件が予測可能で，実行される可能性が極めて高い取引</td></tr>
<tr><td colspan="2">②未履行確定契約</td></tr>
</table>

4 ヘッジ取引の種類

ヘッジ取引には，次の二つのものがある（指針141）。

(1) 相場変動を相殺するヘッジ（公正価値ヘッジ）取引

これは，ヘッジ対象が**相場変動リスク**にさらされており，かつヘッジ対象と手段の双方の相場変動の間に密接な経済的**相関関係**があり，ヘッジ手段がその対象の**相場変動リスクを減少**させる効果をもつ取引である。

① 時価評価されていないものの例

たとえば，固定金利の貸付金や借入金を金利スワップで変動金利に変える取引，商品の価格変動リスクを商品先物の売契約でヘッジする取引などがある。

② 時価評価されているものの例

その他有価証券を対象としたヘッジ取引がある。

(2) キャッシュ・フローを固定するヘッジ（キャッシュ・フロー・ヘッジ）取引

これは，ヘッジ対象が**キャッシュ・フロー変動リスク**にさらされており，かつヘッジ対象と手段の双方のキャッシュ・フロー変動との間に密接な経済的**相関関係**があり，ヘッジ手段がその対象の**キャッシュ・フローの変動リスクを減少**させる効果をもつ取引のことである。

この例としては，たとえば，変動金利の借入金を金利スワップで固定金利のものへ変換する取引などがある。

ヘッジ取引の種類

<table>
<tr><td rowspan="3">ヘッジ取引の種類</td><td rowspan="2">公正価値ヘッジ</td><td rowspan="2">相場変動を相殺するヘッジ</td><td>・固定金利の貸付金や借入金を金利スワップで変動金利に交換する取引
・商品の価格変動リスクを商品先物でヘッジする取引など</td></tr>
<tr><td>・その他有価証券を対象としたヘッジ取引</td></tr>
<tr><td>CFH</td><td>CFを固定するヘッジ</td><td>・変動金利の借入金を金利スワップで固定金利に変換する取引など</td></tr>
</table>

（注） CF：キャッシュ・フロー，CFH：キャッシュ・フロー・ヘッジ

5　繰延ヘッジ損益の表示

(1)　繰延時点での表示

①　通常の繰延ヘッジ損益の表示

繰延ヘッジ会計では，前述のように，時価評価によりヘッジ手段について生じた損益ないし評価差額を，原価・実現主義によりヘッジ対象の損益が認識されるまで繰延べる。

たとえば，棚卸資産（商品）の価格変動リスクをヘッジするためのヘッジ手段としてデリバティブ取引を使ったとする。このデリバティブを時価評価した時点で，次のいずれかの処理がなされる。

〔繰延ヘッジを採用するとき〕

①　デリバティブに含み益のあるケース

（借）（デリバティブ）　×××　（貸）**繰延ヘッジ利益（負債）**×××

②　デリバティブに含み損のあるケース

（借）**繰延ヘッジ損失（資産）**×××　（貸）（デリバティブ）×××

このようにして生じたヘッジ手段としての繰延ヘッジ損失（資産）ないし繰延ヘッジ利益（負債）は，**原則**として，**ヘッジ対象の流動・固定区分に応じ**て，それぞれ**総額**で流動資産・負債，固定資産・負債として表示する。

ただし，**例外**として，**総額を注記**で開示することを**条件**として，**流動・固定の区分内で**（すなわち流動資産と流動負債，固定資産と固定負債）繰延ヘッジ損失と繰延ヘッジ利益を相殺し，**純額**で表示することも認められている（指針174－176）。

(2) 予定取引の繰延ヘッジ損益の表示

① 取引実行時に資産負債の取得などを伴うケース

予定取引をヘッジ対象とする場合で，その予定取引の実行時に，資産・負債の取得などを伴うもの（たとえば，固定資産の購入など）については，**その資産・負債の区分に基づいて**流動・固定の区分を行う。

② 取引実行時に資産負債の取得などを伴わないケース

予定取引をヘッジ対象とする場合で，その予定取引の実行時に，資産・負債の取得などを伴わないもの（たとえば，予定売上げなど）については，その予定取引についての**損益が発生する時期に基づいて**，流動・固定の区分を行う。

● 繰延ヘッジ損益の表示① 繰延時点 ●

<table>
<tr><th colspan="3" rowspan="2">ヘッジ対象</th><th rowspan="2">流動・固定の区分の基礎</th><th colspan="2">繰延ヘッジ損益の表示</th></tr>
<tr><th>原　則</th><th>例　外</th></tr>
<tr><td colspan="3">現存の資産・負債</td><td>ヘッジ対象の流動・固定区分に応じて</td><td rowspan="3">流動・固定区分に応じ総額で表示</td><td rowspan="3">注記を条件に流動・固定の区分内で純額で表示</td></tr>
<tr><td rowspan="2">予定取引</td><td rowspan="2">実行時に資産・負債の取得などを伴う</td><td>Yes</td><td>実行時に取得する資産・負債の区分に基づいて</td></tr>
<tr><td>No</td><td>予定取引についての損益が発生する時期に基づいて</td></tr>
</table>

＜設例３＞

（デリバティブによるヘッジ取引）

第３編第７章（デリバティブ取引）における設例１から３の条件を，「原則的な処理」からそのデリバティブ取引がヘッジのためになされるものと仮定して，「**ヘッジ処理**」に変更したときには，どのようになるか。

▶解　答▶▶▷

＜設例1＞（デリバティブ取引①　先渡取引）

(1)　約定日（3月1日）……仕訳なし

(2)　決算日（3月31日）

(借)	**繰延ヘッジ損失**	**10,000**[*1]	(貸) 先　渡　契　約	10,000
(借)	その他有価証券	50,000	(貸) 繰延税金負債	20,000
			有価証券評価差額	30,000

(3)　翌日（4月1日）

(借)	先　渡　契　約	10,000	(貸) **繰延ヘッジ損失**	**10,000**[*1]
(借)	繰延税金負債	20,000	(貸) その他有価証券	50,000
	有価証券評価差額	30,000		

(4)　受渡日（5月31日）

(借)	現　金　預　金	100,000	(貸) その他有価証券	60,000
			投資有価証券売却益	**40,000**[*1*2]

＜設例2＞（デリバティブ取引②　先物取引）

(1)　約定日（2月1日）

(借)	先物取引差入証拠金	8,550	(貸) 現　　　　金	8,550

(2)　決算日（3月31日）

(借)	先物取引差金	1,000	(貸) **繰延ヘッジ利益**	**1,000**[*3]

(3)　翌日（4月1日）

(借)	**繰延ヘッジ利益**	**1,000**[*3]	(貸) 先物取引差金	1,000

(4)　反対売買日（6月25日）

(借)	現　　　　金	8,550	(貸) 先物取引差入証拠金	8,550
(借)	現　　　　金	2,000	(貸) 先　物　利　益	2,000

<設例3>（デリバティブ取引③　オプション取引）

(1) ①　約定日（3月1日）

（借）買建オプション	325,000	（貸）現　　　金	325,000

②　決算日（3月31日）

（借）買建オプション	75,000	（貸）**繰延ヘッジ利益**	**75,000**[*4]

③　翌日（4月1日）

（借）**繰延ヘッジ利益**	**75,000**[*4]	（貸）買建オプション	75,000

④　決済期日（5月31日）

（借）現　　　金	2,000,000	（貸）買建オプション	325,000
		オプション差益	1,675,000

(2) ④　決済期日（5月31日）

（借）オプション差損	325,000	（貸）買建オプション	325,000

◁◀◀解　説◀

＊1　ここがヘッジ処理を行うか否かで異なる。

＊2　40,000＝100,000－60,000

＊3，4　ここがヘッジ処理を行うか否かで異なる。

6　ヘッジ終了時点での表示

繰延ヘッジ会計を適用し，前期以前において繰延処理されてきた繰延ヘッジ損益は，ヘッジ対象が損益として認識される時点で，同時に損益に計上することになる。

この場合，繰延ヘッジ損益をどの区分で表示すべきかが問題となる。これについては，繰延ヘッジ損益を，**原則**として**ヘッジ対象の損益と同一の区分**で**表示**する（指針176）。

この**理由**は，このような対応表示により，**ヘッジ取引の効果**が損益計算書上最もよく反映される，いいかえれば**ヘッジの経済的実態**が最もよく表現されるからである。

たとえば，ヘッジ対象が，商品であれば売上原価で表示することになる。

● 繰延ヘッジ損益の表示②　ヘッジ終了時点 ●

表示	繰延ヘッジ損益の表示	ヘッジ対象の損益と同一区分で
例示	ヘ ッ ジ 対 象	表 示 場 所
	商　　品	売上原価
	株　　式	有価証券売却損益
	利付資産・負債	（ディスカウント・プレミアム）利息

第２章　ヘッジ会計の適用要件

1　ヘッジ会計の適用のための前提

ヘッジ会計が適用できるために，満さなければならない後述の２要件に適合しているかを判定するために，**リスク管理方針の文書化**がなされていなければならない。

この際，次のような事項が文書により明確化されなければならない。

● ヘッジ会計適用の前提 ●

ヘッジ会計適用の前提	リスク管理方針の文書化	①管理対象となるリスクの種類 ②リスクに対するヘッジ方針 ③ヘッジ有効性の評価方法など

(1)　管理対象となるリスクの種類の明確化

企業が経営活動を遂行していく過程で種々のリスクに晒(さら)される。これには，たとえば，次のようなリスクがある。

● 企業が晒される主要なリスク ●

リスクの例	①市場リスク……価格・金利・為替などの変動するリスク ②信用リスク……取引先の倒産するリスク ③リーガルリスク……法的訟訴を起こされるリスク ④その他

企業はこれらのリスクに常に適正かつ迅速に対処していかなければならないけれども，このためには，リスク管理方針を文書化したり，そのための組織や体制を整えておく必要がある。

このうち，ヘッジ会計を適用するためにリスク管理方針として文書化すべきリスクは，商品価格・為替・金利などの時価やキャッシュ・フローの変動が定量化できるリスクである。

ヘッジ会計の適用対象リスク

ヘッジ会計の適用対象リスク	時価	変動が定量化できるリスク	①価格（変動）リスク ②為替（変動）リスク ③金利（変動）リスク ④株価（変動）リスクなど
	CF		⑤キャッシュ・フロー（変動）リスク

（注） CF：キャッシュ・フロー

なお，リスク管理を効率的・効果的に行うためには，企業は定期的にリスク量を把握し，かつ許容限度内に保つように管理・統制していく必要がある。このために，その前提としてリスク定量化の方法や**リスク許容限度**などを明確化しておく必要がある。

リスク定量化の方法とリスクの許容限度

リスク	定量化の方法	①バリュー・アット・リスク（value at risk） ②ベーシス・ポイント・バリュー（basis point value） ③アーニング・アット・リスク（earning at risk）など	
	許容限度	最大累計損失額	①期間利益の一定割合 ②自己資本の一定割合など

(2)　リスクに対するヘッジ方針の明確化

このようにして明確化された管理対象となるリスクに対して，次に，どのようにヘッジを行っていくかについての方針（**ヘッジ方針**）を明確化・文書化する。

この際，各々のリスクに対してどの程度ヘッジしようとするのかの割合（**ヘッジ割合**），資産や負債からどのようにヘッジの対象を識別する（個別かグループか）のかの方法（**ヘッジ対象の識別法**），各々のリスクに対してどのようなヘッジの手段（**ヘッジ手段**）を使用するのかなどを明確化・文書化する。

ヘッジ方針の明確化

ヘッジ方針の明確化	①ヘッジ割合 ②ヘッジ対象の識別法[*1] ③ヘッジ手段など

＊1　これには，ヘッジ対象の識別を個別の取引単位で行う（個別ヘッジ）のか，グループで行う（包括ヘッジ）のかなどが記載される。

なお，上記③では，ヘッジ対象にはどのようなリスクがあり，それに対してどのようなヘッジ手段を用いて，それに対処していくか（**ヘッジ対象・リスク・ヘッジ手段の関係**）が，ヘッジ会計の適用上，明確化されなければならない。

これらの関係については，たとえば，次のようなものがある。

ヘッジ対象・リスク・ヘッジ手段の関係

ヘッジ対象	リスク	ヘッジ手段
貴金属 原材料 食　糧など	価格変動リスク	商品オプション取引 商品先物取引など

外貨建取引など	為替変動リスク	為替予約取引 通貨オプション取引 通貨スワップ取引など
貸付金 借入金 利付債券など	金利変動リスク	金利先物取引 金利先渡取引 金利スワップ取引 金利オプション取引など
株　式	株価変動リスク	（株式）信用取引 株式オプションなど
貸付金 売掛金　など	信用リスク	クレジット・スワップなど

(3)　ヘッジの有効性の評価方法の明確化

後述の事後テストで必要となるヘッジの有効性の評価のために，まずその前提として企業は，ヘッジの有効性の評価方法を明確化・文書化しておく必要がある。

● ヘッジの有効性の評価方法 ●

①有効性の評価方法	比率分析 回帰分析などの統計的手法など
②時間的価値などの取扱い	オプションの時間的価値などを評価に含めるか否か
③対応のさせ方	ⓐ個別ヘッジ……対象と手段を一対一の関係で直接結びつけて評価 ⓑ包括ヘッジ……対象と手段を包括的に対応させて評価
④有効性の判定頻度	どの程度の頻度（たとえば，毎月，毎半期，毎期など）で，評価を行うのか

2　ヘッジ会計の適用要件の概要

ヘッジ会計を適用するための要件として，次の二つの要件がある（指針142)。

①　事前テスト（ヘッジ取引時の要件）

ヘッジ取引開始時に，それが企業のリスク管理方針に従ったものであることが客観的に認められること

②　事後テスト（ヘッジ取引時以降の要件）

ヘッジ取引時以降も継続して，ヘッジ手段の効果が定期的に確認されていること

ヘッジ会計の適用要件

ヘッジ会計の適用要件	①事前テスト	ヘッジ取引	開始時の要件	企業のリスク管理方針に従ったものであることの客観的確認
	②事後テスト		開始時以降の要件	ヘッジ手段の効果（有効性）についての定期的確認

3　事前テスト

ヘッジ会計を適用する際の**事前テスト**として，ヘッジ取引時に，次のいずれかにより，**ヘッジ取引**が企業の**リスク管理方針に従ったもの**であることが，**客観的に確認**できることが必要である（指針144)。

①　少量で単純なヘッジ取引のケース

そのヘッジ取引が，リスク管理方針に従ったものであることを，取締

役会議事録など（個別）**文書で確認**できること。

② 多種多様で多量のヘッジ取引のケース

リスク管理方針について**明確な内部規定や内部統制組織が存在**し，かつ，その取引がこれに従って処理されること。

これは，多数のヘッジ取引を行っている企業の場合には，個別のヘッジ取引とリスク管理方針との関係を個別的に文書化することが難しいので，このような取扱いが認められているのである。

● 事前テスト ●

事前テスト	前　提	リスク管理方針の文書化
	事　前 テスト	ヘッジ取引とリスク管理方針の関係を，次のいずれかで明示 ①文書での確認（ヘッジ取引のリスク管理方針準拠性の文書での確認） ②内部規定や内部統制組織との関係（ヘッジ取引のリスク管理方針に準拠した処理）

4 事後テスト

ヘッジ会計の適用の際の事後テストとして，次のような有効性テストを実施しなければならない（指針146）。

(1) 有効性チェック

ヘッジ取引時以降についても継続して，ヘッジ指定期間中において，指定した**ヘッジ関係**について**高い有効性**があることを確認する。

① 公正価値ヘッジ

ヘッジ対象の相場変動とヘッジ手段のそれとの間で，高い水準の相殺

関係があったか

② **キャッシュ・フロー・ヘッジ**

ヘッジ対象のキャッシュ・フロー変動とヘッジ手段のそれとの間で，高い水準の相殺関係があったか

(2) 期間・期日（判定の頻度）

必ず決算日に，そして**少くとも6か月に1回**程度は行う。

(3) 文書との整合性

有効性の評価は，**文書化されたリスク管理方針**や**方法**と**整保性**があることを確認する。

(4) 有効性の判定基準

ヘッジ有効性の判定は，原則として，ヘッジ開始時から判定時までの，ヘッジ対象の**相場変動**ない し**キャッシュ・フローの変動**の**累計**とヘッジ手段の相場変動ないしキャッシュ・フローの変動の累計とを比較し，両者の変動額などを基礎として判断する（指針156）。

ヘッジの有効性判定

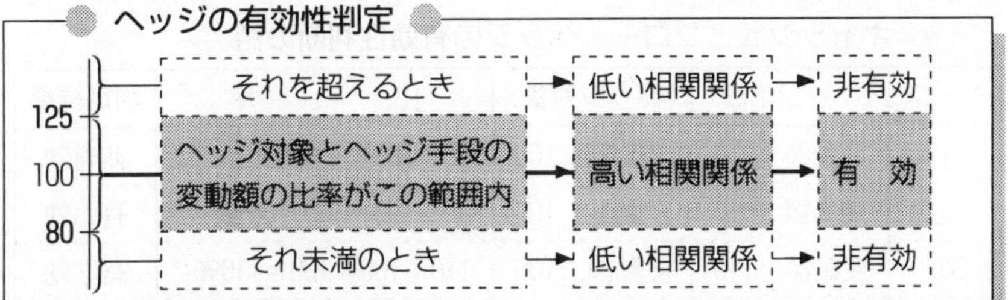

この場合，両者の変動額の比率が**約80％から125％の範囲内**であれば，両者間に**高い相関関係**が認められる。

①　公正価値ヘッジのケース

公正価値ヘッジの場合で，ヘッジ対象の損益累計額とヘッジ手段の損益累計額との間の有効性についての判断の例を示せば，次のとおりである。

公正価値ヘッジの有効性判断の例

ケース	ヘッジ手段	ヘッジ対象	比　　率	判定結果
①	利益額　50	損失額　100	50÷100×100＝50%	非有効
②	利益額　85	損失額　100	85÷100×100＝85%	有　効
③	利益額　120	損失額　100	120÷100×100＝120%	有　効
④	利益額　150	損失額　100	150÷100×100＝150%	非有効

②　キャッシュ・フロー・ヘッジのケース

キャッシュ・フロー・ヘッジの場合で，ヘッジ対象のキャッシュ・フローの変動額の累計額とヘッジ手段のそれとの間の関係についての有効性判断の例を示せば，次のとおりである。

キャッシュ・フロー・ヘッジの有効性判断の例

ケース	ヘッジ手段	ヘッジ対象	比　　率	判定結果
①	変動額　60	変動額　100	60÷100×100＝60%	非有効
②	変動額　80	変動額　100	80÷100×100＝80%	有　効
③	変動額　110	変動額　100	110÷100×100＝110%	有　効
④	変動額　140	変動額　100	140÷100×100＝140%	非有効

<設例１>

((予定取引) ヘッジの有効性判定：比率分析法)

次のヘッジ取引は有効かどうか判定しなさい。

① X1年1月20日（予定取引）

当社は4か月後に変動金利（ユーロ円ベース：LIBOR＋0.5%）による借入れ，1億円を予定している。

② X1年1月20日（ヘッジ取引）

上記借入れの金利変動のリスクを回避するために，LIBORと高い相関関係にあると予想された日本円短期金利先物（1契約）を，約定価格98.0で売建てし，ヘッジ指定を行った。

③ X1年5月20日（借入れと買戻取引）

借入れを実行した。また，同時に，上記金利先物を97.83で買戻した。

④ その他の条件

・決算日は3月末である。

・値洗基準を採用している。

・手数料や税金などは無視する。

・市場の動き（次のとおりである）

摘　要	1月20日	3月31日	5月20日
LIBOR	96.940(3.060%)	96.850(3.150%)	96.790(3.210%)
日本円短期金利先物	98.00(2.00%)	97.90(2.10%)	97.83(2.17%)

▶解　答▶▷▷

決算日および金利先物の手仕舞日の両方の時点においても，高い相関関係がある。したがって，有効である。

◁◀◀解　説◀

(ヘッジの有効性の判定)

摘　　　　要	3月31日	5月20日
①　日本円短期金利先物の変動幅	2.10%－2.00%＝0.1%	2.17%－2.10%＝0.07%
②　LIBORの変動幅	3.150%－3.060%＝0.090%	3.210%－3.150%＝0.060%
①/②　変動幅の割合	0.1%÷0.090%＝111%	0.07%÷0.06%＝117%
判　定　結　果	有　　　　効	有　　　　効

(注)　ヘッジ対象である予定取引の金額とヘッジ手段の（名目）元本とが同じなので，解答のように金利の変動幅で比較判定しても，金利の金額で比較判定しても，結果は同じになる。

＜設例２＞

((商品先物) ヘッジの有効性判定：比率分析法)

次のヘッジ取引は有効かどうか判定しなさい。

①　X1年２月15日（商品先物取引）

当社は甲製品を製造販売しているが，製品価格の下落が予想されるので，標準物の商品先物売契約を締結し，同時にヘッジ指定を行った。

②　甲製品についてのデータ

製品量（個）　　　　500

単位当たりの簿価　　　￥4,700

製造月日　２月５日

売却日　11月30日

③　商品先物についてのデータ

標準物商品量（個）　500

売約定価格　　　￥4,900

約　定　日　　　２月15日

売り約定日　　11月30日

（注）　甲製品と商品先物の相場変動には，高い相関関係があると予想されている。

④　市場の動き（次のとおりである）

摘　　要	現　物	先　物	現　物	先　物
	単位当たり時価		時価変動額	
2月5日	4,980	4,950	—	—
2月15日	4,950	4,900	（　△30）	（　△50）
3月31日	4,900	4,860	△50	△40
9月30日	4,810	4,750	△90	△110
累計（3月－9月）			（損）△140	（益）△150
11月30日	4,750	4,690	△60	△60
累計（3月－11月）	—	—	（損）200	（益）△210

⑤　その他

・当社は3月末の決算法人である。

・棚卸資産の評価方法は原価法である。

・手数料・税金などは無視する。

▶解　答▶▶▷

決算日，中間決算日および手仕舞日ともに高い相関関係がみられる。それゆえ，ヘッジは有効である。

◁◀◀解　説◀

(1)　決算日（X1年3月31日）

ヘッジ取引開始（2月15日）後決算日（3月31日）までの現物時価変動

額（50）に対する先物時価変動額（40）の比率は，40/50＝80％である。

それゆえ，両者には高い相関関係があり，ヘッジは有効である。

(2)　中間決算日（X1年9月30日）

ヘッジ取引開始（2月15日）から判定時（9月30日）までの現物時価変動額（140）に対する先物時価変動額（150）の比率は，150/140≒107％である。

それゆえ，両者には，高い相関関係があり，ヘッジは有効である。

(3)　手仕舞日（X1年11月30日）

ヘッジ取引開始（2月15日）から判定時（11月30日）までの現物時価変動額（200）に対する先物時価変動額（210）の比率は，210/200＝105％である。

それゆえ，両者には，高い相関関係があり，ヘッジは有効である。

(5)　事後テストの省略

ヘッジ手段とヘッジ対象について，**重要な条件が同一**である場合には，リスクを**完全に相殺**でき，そのヘッジ取引に**高い有効性**があるとみなされるので，有効性判定は**省略**できる。

● 有効性判定の省略の可否 ●

有効性の判定	原則	実施する
	例外	省略可能 （条件）　ヘッジ手段とヘッジ対象について重要な条件が同一であり，ヘッジ取引に高い有効性があるとみなされるとき

事後テスト

ヘッジ会計の事後テスト	①有効性チェック	ヘッジ取引時以降も高い有効性のあることの確認が必要
	②期間など	・必ず決算日に ・少なくとも6か月に1回
	③文書との整合性	文章化されたリスク管理方針や方法との整合性の確認
	④有効性の判断基準	両者の変動額の比率が約80%から125%の範囲内ならば，高い相関関係
	⑤省略	両者の重要な条件が同一の場合，有効性判定の省略可能

第3章　ヘッジ指定

1　ヘッジ指定

ヘッジ会計を行うためには，ヘッジを行うリスク資産・負債とそのリスクを指定（**ヘッジ指定**）によって識別し，識別したヘッジ対象はその手段と**対応**させ，ヘッジ会計の終わりまで**紐付きで区分管理**する。

この場合，ヘッジ指定は，ヘッジ取引日・対象・リスクの種類・手段・割合・期間などがヘッジ管理方針との合致を確認できることが必要である（指針150）。

2　ヘッジの単位

ヘッジ対象の指定の単位は、次のとおりである（指針151）。

①　原則……個別ヘッジ

これは，**取引単位別**（すなわち**個別対応**により）の**紐付き**でヘッジ指定を行う方法である。

②　例外……部分ヘッジ，包括ヘッジ，マクロヘッジ

部分ヘッジとは，ヘッジ対象の一部分のみをヘッジ指定する方法である。**包括ヘッジ**とは，ヘッジ対象をグルーピングしてヘッジ指定をする方法である。また，**マクロヘッジ**とは，多数の金融資産・負債を保有する金融機関などで行われるリスクの減殺効果をより適切に財務諸表に反映するための高度のヘッジ手法のことである。

●ヘッジの単位●

ヘッジの単位	(1)原則	個別ヘッジ
	(2)例外	①部分ヘッジ ②包括ヘッジ
	(3)特例	マクロヘッジ（金融機関を想定）

3　包括ヘッジの適用要件

包括ヘッジが適用されるためには，次のような要件を満たすことが必要である（指針152）。

ⓐ　ヘッジ対象が複数の資産・負債から構成されていること

ⓑ　個々の資産・負債が**共通の相場変動などによる損失**の可能性にさらされていること

すなわち**リスク要因**（金利リスク，為替リスクなど）**の共通性**

ⓒ　その相場変動に対して同様に反応することが予想されること

すなわち**リスクに対する反応**が同一グループ内の個々の資産・負債との間で**ほぼ一様**であること

4　マクロヘッジ

多数の金融資産・負債を保有している金融機関などで，リスクの減殺効果をより適切に財務諸表に反映する高度なヘッジ手法（**マクロヘッジ**）を用いていると認められる場合には，そのヘッジの効果を財務諸表に反映させることができる（指針154）。

第４章　ヘッジ会計の適用制限

1　ヘッジ会計の適用制限の概要

以下に示すようなものについては，ヘッジ会計の適用に一定の制限がある。

● ヘッジ会計の適用制限 ●

ヘッジ会計の適用制限	①満期保有目的債券
	②デリバティブ取引以外のヘッジ手段
	③売建オプションによるヘッジ
	④連結会社間取引のヘッジ

2　満期保有目的債券

これは，原則として**金利変動リスク**（相場変動リスクないしキャッシュ・フロー変動リスク）についての**ヘッジ対象**にならない**ない**（指針161）。

その理由は，満期まで債券が保有されるため，金利変動による**価格変動のリスク**を認める**必要がない**からである。

ただし，債券の買入時に，そのキャッシュ・フローとその債券の調達資金のキャッシュ・フローとを合わせる目的のためや，スワップと組合せてより高利回りを得る目的で，債券に対して金利スワップをかける場合で，一定の条件を満たすときには，満期保有目的債券をヘッジ対象とすることができる（指針161）。

● 満期保有目的債券とヘッジ取引 ●

満期保有目的債券	原則	ヘッジ対象	ならない		
	例外		なる	条件	一定の条件を満たすこと
				手段	金利スワップ
				目的	・キャッシュ・フローを合わせる目的 ・より高い利回りを得る目的

3 デリバティブ取引以外のヘッジ手段

ヘッジ手段がデリバティブ取引**以外**の場合には，**次のいずれかのみに**ついて，ヘッジ会計の**適用**が**可能**であり，それ以外のものは適用できない（指針165）。

(1) 次の**外貨建取引等**の**為替変動リスク**をヘッジする目的での**外貨建金銭債権債務**ないし**外貨建有価証券**

① 予定取引

② その他有価証券

③ 在外子会社等に対する投資への持分

(2) **その他有価証券**の**相場変動リスク**をヘッジする目的での**信用取引（売付け）**ないし**有価証券の空(から)売り**。

上記(1)の①から③については，外貨建取引等会計処理基準の原則的な処理方法によれば，ヘッジ対象についての為替換算差損益が全く計上されない（①と③）か，資本の部に直接計上される（②）ので，損益を同一期間へ計上するためには，ヘッジ会計が必要となる。

この場合，次のような処理が適用される。

摘　要	①予定取引	②その他有価証券	③投資への持分
繰延ヘッジ	○	○	○
時価ヘッジ	×	○	×

（注）　○：適用，×：不適用

そして，(2)については，双方（信用取引と有価証券の空売り）とも売買目的有価証券に準じた処理がなされることになったので，その他有価証券をヘッジ対象とするときには，双方の損益計上時期を一致させるために，ヘッジ会計が必要となり，容認されることになった。

デリバティブ取引以外のヘッジ手段の取扱い

デリバティブ取引	以外	原則	ヘッジ会計の適用	不　可　能	
		例外		可能	①外貨建取引等の為替変動リスクのヘッジを目的とする外貨建金銭債権債務・有価証券 ②その他有価証券の相場変動リスクのヘッジを目的とする信用取引や有価証券の空売り
	該当	原則			—

4　売建オプションによるヘッジ

売建オプションは，**原則**として**ヘッジ手段**とは認められ**ない**。

その**理由は**，損失削減の効果がオプション料の範囲に限定されているために，有効なリスク減殺手段となりえないからである。

ただし，次の場合には，**例外**として売建オプションをヘッジ手段とすることが**認め**られる（指針166）。

①　買建オプションと売建オプションとの組合せ（**複合オプション全体**）によって**リスクを限定する効果**がある取引で，**正味の受取オプショ**

ン料のないもの（すなわち全体として買建オプションとなるもの）

② 複合金融商品に組込まれている**買建オプション**を**相殺**する**売建オプション**

上記①は，複合オプション全体として，リスクの有効な減殺効果が認められるものをヘッジ手段として認めたものである。

また，②は買建オプションと売建オプションとが完全に相殺されるため，両者の損益の計上時期を合わせるために，ヘッジ手段と認めたものである。

売建オプションによるヘッジの取扱い

売建オプション	原則	ヘッジ手段とならない
	理由	損失削減効果がオプション料の範囲に限定され，有効なリスク減殺効果ない
	例外	買建・売建オプションでリスク限定効果のあるケース 買建オプションを相殺する売建オプション

5 連結会社間取引のヘッジ

(1) 連結会社間取引をヘッジ対象とするケース

連結会社間取引をヘッジ対象として**個別**財務諸表上繰延処理されたヘッジ手段の損益や評価差額は，**連結**上，内部取引とみなされ，消去され，ヘッジ対象となるリスクが存在しないこととなるので，原則として，**ヘッジ関係がなかったものとみなして**，**当期の損益**とする（指針163）。

ただし，例外として，その取引が外貨建ての予定取引のときには，為替変動によるリスクは残るので，ヘッジ会計を適用できる（指針163）。

連結会社間取引のヘッジの取扱い

連結会社間取引のヘッジの取扱い	原則	理　由	相殺消去され，ヘッジ対象のリスクがなくなるので
		取扱い	連結上ヘッジ関係がなかったものとして，当期の損益とする（ヘッジ会計の取消）
	例外	対　象	外貨建ての予定取引
		理　由	為替変動によりリスクが残るので
		取扱い	ヘッジ会計の適用

例外的取扱いがなされる連結会社間取引

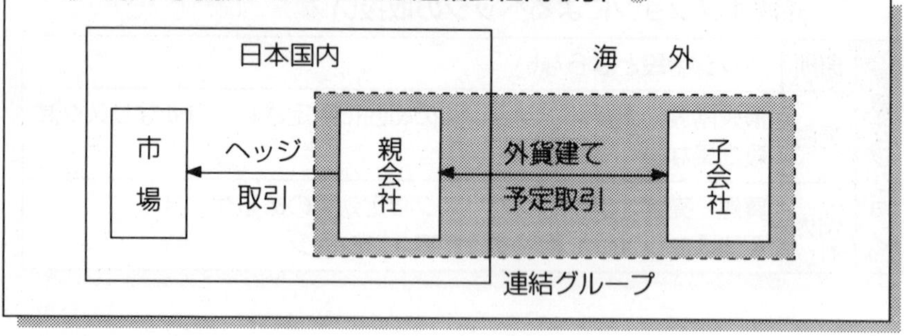

(2)　連結会社間取引をヘッジ指定するケース

連結会社間で行っているデリバティブ取引が，**個別**財務諸表上で**ヘッジ手段**として指定されているとき，**連結**上，**原則**としてその**デリバティブ取引を消去**し，**ヘッジ関係がなかった**ものとして処理する。

ただし，**例外**として，連結グループの一方の会社が外部と行っているデリバティブ取引が，連結会社間のデリバティブ取引と個別的に対応するケースでは，その**外部とのデリバティブ取引**を**連結上**の**ヘッジ手段**として，あらかじめ**指定**できる（指針163）。

例外的取扱いがなされる連結会社間取引の例

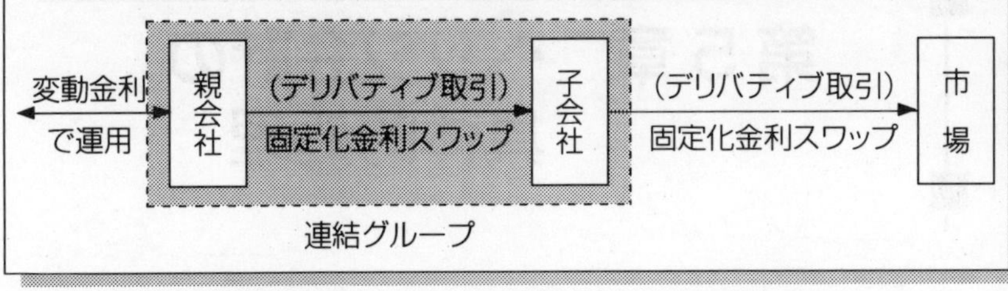

連結会社間取引のヘッジ手段としての指定の取扱い

連結会社間取引のヘッジ手段としての指定	原則	取扱い	連結上そのデリバティブ取引を消去し，ヘッジ関係はなかったものとする（ヘッジ会計の取消し）
		理　由	内部取引として消去されてしまうので
	例外	対　象	外部とのデリバティブ取引と個別対応するデリバティブ取引
		理　由	経済的実態としてヘッジ関係が成立しているので
		取扱い	**外部とのデリバティブ取引を連結上指定できる**

第５章　ヘッジ会計の具体的処理

1　ヘッジ会計の主要論点

ヘッジ会計の具体的処理での論点には，次のようなものがある。

①　繰延ヘッジ損益の処理

②　その他有価証券のヘッジ

③　外貨建取引のヘッジ

④　金利スワップの特例処理

⑤　ヘッジ会計の中止と終了

2　繰延ヘッジ損益の処理

(1)　オプションの時間的価値とプレミアム・ディスカウントの処理

ヘッジ手段としてのオプションの**時間的価値**（オプションの時価から本源的価値を控除したもののこと）や先渡契約の**プレミアム・ディスカウント**（先物価格と直物価格との差額のこと）（**時間的価値等**）は，次のいずれかの方法により処理する（指針171）。

なお，両方とも，ヘッジの**有効性判定**では，**時間的価値等の変動**を**除外**してそれを行える。

①　**本源的価値**（すなわち行使価格が基礎商品の時価よりも有利になっている場合の差額で，時価変動のうち時間的価値等を除いた部分）**の変動**を繰

延処理の対象とし，時価的価値等の変動を直ちに損益計算書に計上する方法（**区分処理法**）

② 時価変動の全体を繰延処理の対象とする方法（**一括処理法**）

時間的価値等の取扱い

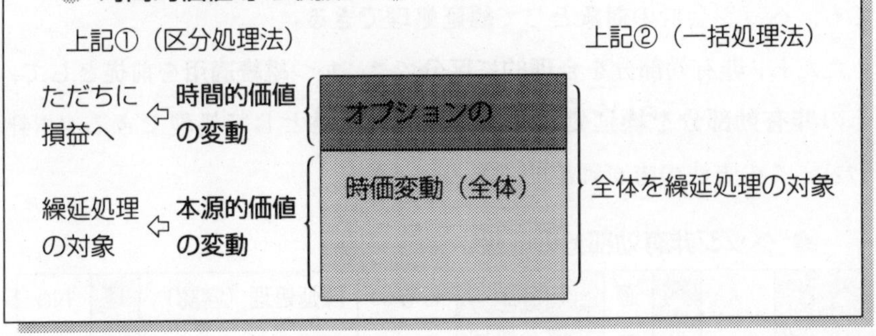

プレミアム・ディスカウント

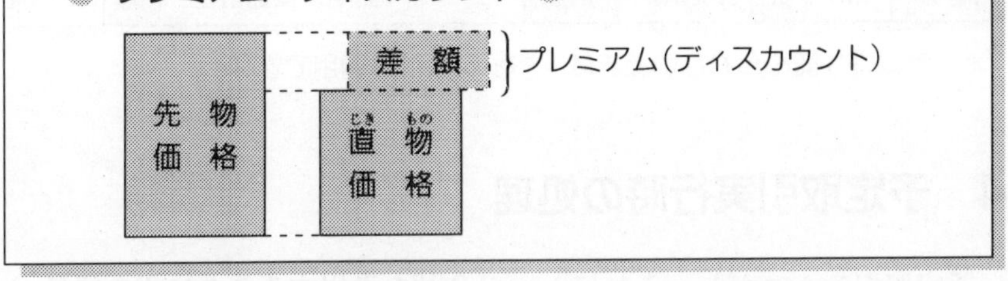

時間的価値等の処理

時間的価値等	処理	①本源的価値の変動のみを繰延処理し，時間的価値等は損益として処理する方法
		②時価変動の全体を繰延処理の対象とする方法
	取扱	有効性の判定において，除外して判定できる*

* これは，時間的価値等が，ヘッジ対象の相場変動などと対応しないことが事前に判明しているためである。

3　ヘッジ非有効部分の処理

ヘッジが**全体としては有効**と判断され，ヘッジ会計の**要件が満たされている**ときには，ヘッジ手段の損益のうち結果的に**非有効な部分**についても，ヘッジ会計の**対象**として**繰延処理できる**。

ただし，非有効部分を**合理的に区分**でき，かつ**継続適用**を前提として，その**非有効部分**を繰延処理せず，当期の**損益**として処理できる（指針172)。この方法の方が理論的である。

ヘッジ非有効部分の取扱い

<table>
<tr><td rowspan="3">ヘッジ全体として有効</td><td rowspan="2">Yes</td><td rowspan="3">ヘッジ会計</td><td rowspan="2">適用</td><td rowspan="2">非有効部分の区分処理</td><td>しない</td><td>繰延処理（容認）</td><td rowspan="3">理論的</td><td>No</td></tr>
<tr><td>する</td><td>（当期）損益計上</td><td rowspan="2">Yes</td></tr>
<tr><td>No</td><td>不適用*</td><td>全部</td><td colspan="2">（当期）損益計上</td></tr>
</table>

*　有効性が認められないときは，ヘッジ会計は適用できない。

4　予定取引実行時の処理

予定取引をヘッジし，これにヘッジ会計を適用することにより繰延べられたヘッジ手段の損益（**繰延ヘッジ損益**）は，その**予定取引実行時に**，以下の各々の場合に応じて，次のように**処理**する（指針170)。

①　予定取引で損益が直ちに発生するケース

これは，売上や利息など，損益が直ちに発生するケースである。

この場合には，その取引実行時に，繰延ヘッジ損益を当期の**損益**として処理する。

なお，このときの勘定は，**原則**として，ヘッジ対象**取引の損益科目**

（たとえば，**売上高**，**支払利息**など）とするが，**例外**として為替リスクのヘッジによるものは**為替差損益**とすることができる。

②　資産取得のケース

これは，棚卸資産や固定資産などの資産の購入するケースである。

この場合には，繰延ヘッジ損益は，資産の**取得原価に加減**し，その資産の取得価額が売上原価や減価償却費などとして費用化される期の損益に反映される。

ただし，取得資産が**利付金融資産**（たとえば貸付金など）のときには，**受取利息**をその資産と**区分**して処理（**区分処理**）できる。

③　利付負債の発生のケース

これは，社債や借入金などの利付負債が発生するケースである。

この場合には，繰延ヘッジ損益は，その**負債とは区分計上**し，**繰延償却法**により各期の損益に配分する。

予定取引実行時の繰延ヘッジ損益の処理

予定取引実行時の繰延ヘッジ損益の処理	予定取引（の実行）	①損益が直ちに発生 （売上や利息など）	繰延ヘッジ損益の処理	当期の損益 ・ヘッジ対象取引の損益勘定 ・為替差損益（容認）
		②資産の取得 （棚卸資産や固定資産など）		取得価額に加算 ・利付金融資産の区分処理 （容認）
		③利付負債の発生 （借入金や社債など）		負債とは区分計上し，繰延償却法の適用

第6章　その他有価証券のヘッジ

その他有価証券をヘッジ対象とする場合のヘッジの会計処理法としては，繰延ヘッジと時価ヘッジのいずれかを選択できる（160項）。

①　繰延ヘッジ

この方法による場合には，ヘッジ手段の損益ないし評価差額を資産・負債として繰延べる。

②　時価ヘッジ

この方法による場合には，ヘッジ対象であるその他有価証券の時価の変動額を（資本直入ではなく），当期の損益として計上する。

● その他有価証券のヘッジ ●

その他有価証券のヘッジ	①繰延ヘッジ	ヘッジ手段の損益などの繰延べ
	②時価ヘッジ	ヘッジ対象のその他有価証券の時価の変動額を当期の損益として計上

第７章　外貨建取引のヘッジ

1　外貨建取引のヘッジの処理

外貨建ての金銭債権債務や有価証券で**決算時レートで換算**されるものについて，ヘッジ会計を適用した場合には，次のような処理方法が適用される（指針167）。

①　原則的処理

これは，為替予約などの**ヘッジ手段**を**時価評価**し，（決算時レートで換算されている）ヘッジ対象の**換算損益と対応**させる方法で，**原則的**な処理方法とされる。

②　振当（ふりあて）処理（例外法）

これは，ヘッジ対象を**予約レート**で換算し，ヘッジ手段とヘッジ対象の評価差額や換算差額を計上**しない**方法である。

また，この方法は①**ヘッジ会計の要件を満たすもの**について，②当分の間認められるという暫定的な方法である。

● 外貨建取引のヘッジ ●

外貨建取引のヘッジの処理方法	①原則	原則的処理法（時価評価法）
	②例外	振当処理法

2　原則的処理法

原則的処理法による場合には，次のような処理がなされる（指針168）。

①　ヘッジ対象の換算差額が当期に損益計上されるケース

この場合には，**ヘッジ対象**が**決算時レート**で換算され，換算差額が当期の**損益**となり，かつ**ヘッジ手段**である為替予約などを**時価評価**し，その評価差額が当期の**損益**となるので，結果として**両者が**同一期間に**損益計算書に計上**され，ヘッジ取引の効果が**自動的に発現**することになる。

なお，この場合は，特別な方法としての**ヘッジ会計ではない**ので，ヘッジ会計の要件の検討は不要である。

②　外貨建その他有価証券のヘッジのケース

この場合には，外貨建その他有価証券は期末に**決算時レートで換算**されるけれども，その**換算差額**が，損益ではなく，**原則**として**資本の部に直入**され，他方，ヘッジ手段の損益ないし評価差額は**当期の損益**に計上されることになる。この結果，両者の**損益の計上時期は不一致**となる。

したがって，これについては**ヘッジ会計**を**適用する必要**がある。この場合には，**その他有価証券のヘッジ**の処理に準じて行う。

③　在外子会社や関連会社の持分投資のヘッジのケース

ヘッジ対象が在外子会社（および持分法適用の関連会社）に対する持分投資であるときには，**連結上**，ヘッジ手段からの為替換算差額などをヘッジ対象の投資からの為替換算調整勘定と**相殺できる**。

なお，**個別**財務諸表上，外貨建ての子会社株式などは**取得時レート**で換算され，換算差損益が損益に計上されないので，これについてのヘッジ手段の損益についてヘッジ会計を認める必要がある。この場合，資本の部に為替相場の変動による増減がないので，ヘッジ手段の損益に**繰延ヘッジ**を適用する。

以上の関係を，外貨建金銭債権債務・有価証券の為替リスクのヘッジという観点でまとめると，次のとおりである。

● 外貨建金銭債権債務の為替リスクのヘッジ ●

項目	換算方法		処理方法（含む：ヘッジ会計）	
外貨建金銭債権債務	決算時レート	損益計上	原則	ヘッジ手段を時価評価し，ヘッジ対象の換算差額と対応させる
			例外	（条件）ヘッジ会計の要件を満たすとき
				振当処理の容認

● 外貨建有価証券の為替リスクのヘッジ ●

種類	換算方法		ヘッジ会計などの処理方法
売買目的有価証券	決算時レート	損益に計上	外貨建金銭債権債務の**原則的な処理**と同じで，振当処理は不適用
満期保有目的債券			外貨建金銭債権債務と同じで，振当処理も可能
その他有価証券		資本直入	その他有価証券のヘッジの**一般的な処理**により，繰延ヘッジないし時価ヘッジ
子会社・関連会社株式	取得時レート	個別	繰延ヘッジ
		連結	ヘッジ手段についての為替換算差額を為替換算調整勘定に含めて処理

④　外貨建予定取引の為替リスクのヘッジ

外貨建予定取引の為替変動リスクのヘッジは，要件を満たすときには，ヘッジ手段の損益や評価差額を資産負債として繰延べる（**繰延ヘッジ**）。

なお，外貨建予定取引については，そのヘッジ手段としてデリバティブ以外に外貨建金銭債権債務・有価証券を指定することもできる（指針165）。

そして，外貨建金銭債権債務のヘッジについて，原則的処理か例外的（振当）処理かにかかわらず，予定取引のヘッジについては，繰延ヘッジによらなければならない。

外貨建予定取引のヘッジ

外貨建予定取引のヘッジ	対　象	将来の輸出入取引など		
	目　的	為替変動リスクのヘッジ		
	前　提	ヘッジ会計の要件を満たすこと		
	処　理	繰延ヘッジ（ヘッジ手段の損益を繰延べる方法）		
	ヘッジ手段	デリバティブ取引 外貨建金銭債権債務 外貨建有価証券		
	注意点	外貨建金銭債権債務のヘッジについて	原則的処理	繰延ヘッジ
			振当処理	

なお，将来の外貨建貸付け・借入れまたは外貨建有価証券（ただし，その他有価証券や子会社・関連会社株式は除く）の取得のための為替変動によるキャッシュ・フローを固定する手段の損益などは，当期の損益に計上し，ヘッジ会計の処理（すなわち，繰延ヘッジ処理）することはできない。

● 将来の外貨建貸付取引などの取扱い ●

<table>
<tr><td colspan="3">対　象</td><td colspan="2">ヘッジ会計</td></tr>
<tr><td rowspan="2">外貨建予定取引(のヘッジ)</td><td colspan="2">外貨建輸出入取引など</td><td colspan="2">適用可能</td></tr>
<tr><td>外貨建貸付取引
外貨建借入取引
外貨建有価証券</td><td>対象にならない</td><td>適用不能</td><td>その外貨建金融商品の換算差損益と同様に処理</td></tr>
</table>

3　例外的処理法

例外的処理としての**振当処理**を採用する場合には，ヘッジ対象を**予約レート**で換算し，ヘッジ手段とヘッジ対象の評価差額などを計上**しない**ことになる。

● 外貨建取引のヘッジ ●

<table>
<tr><td rowspan="4">外貨建取引のヘッジ</td><td rowspan="4">原則</td><td>①ヘッジ対象の換算差額の当期損益計上
→ヘッジ手段の時価評価により損益計上時期が一致</td></tr>
<tr><td>②外貨建その他有価証券
→ヘッジ会計が必要であり，その他有価証券に準じて処理</td></tr>
<tr><td>③在外子会社・関連会社の持分投資
→連結上，ヘッジ損益を為替換算調整勘定に算入可</td></tr>
<tr><td>④予定取引
→繰延ヘッジ</td></tr>
<tr><td></td><td>例外</td><td>振当処理の容認</td></tr>
</table>

第８章　金利スワップの特例

1　金利スワップの特例処理

デリバティブは原則として期末に時価評価することになるが，**特例**として以下に示すようなすべての要件を満たす**金利スワップ**は，時価評価せず，発生基準により金利スワップの**金銭受払いの純額**を，その対象となる資産・負債についての**利息に加減**して処理できる（注解14)。

金利スワップの特例の要件

① 資産・負債についての金利の受払条件を変換することを目的とする金利スワップであること

② ヘッジ会計の要件を満たしていること

③ その想定元本，利息受払条件（たとえば，利子率や利息の受払日など），契約期間が，その資産・負債とほぼ同一であること。

なお，この**特例処理要件**を**満たさなくても**，**ヘッジ会計の要件**を**満す**場合には，繰延ヘッジにより**ヘッジ会計**の適用は認められる。

金利スワップの処理

<table>
<tr><td rowspan="3">金利スワップの処理</td><td rowspan="3">ヘッジ要件を満たす</td><td>No</td><td colspan="3">（原則通り）時価評価</td></tr>
<tr><td rowspan="2">Yes</td><td rowspan="2">特例の要件を満たす</td><td>Yes</td><td>特例処理（容認）</td></tr>
<tr><td>No</td><td>ヘッジ会計（繰延ヘッジ）容認</td></tr>
</table>

2　金利スワップの特例処理の要件

金利スワップの特例処理の一般的な要件は前述のとおりであるが，実務指針（178項）ではより厳格な要件を次のように列挙しており，すべてを満たすことを要求している。

ただし，売買目的有価証券とその他有価証券については，特例処理の対象としていない。

金利スワップの特例処理の要件

① 金利スワップの想定元本とその貸借対照表上の対象資産・負債の元本とがほぼ一致していること（**元本の同等性**）

② 金利スワップとヘッジ対象資産・負債の契約期間や満期がほぼ一致していること（**期間・満期の同等性**）

③ 対象資産・負債の金利が変動金利である場合，その基礎となっているインデックスが，金利スワップで受払いされる変動金利のそれとほぼ一致していること（**金利インデックスの同等性**）

④ 金利スワップの金利改定のインターバルや金利改定日が，ヘッジ対象資産・負債とほぼ一致していること（**金利改定日やインターバルの同等性**）

⑤ 金利スワップの受払条件がスワップ期間を通して一定であること（**受払条件の一定性**）

⑥ 金利スワップに期限前解約オプション，支払金利のフロアーないし受取金利のキャップが存在する場合には，それは，ヘッジ対象資産・負債に含まれた同等の条件を相殺するためのものであること（**期限前解約などの相殺性**）

なお，上述の特例処理の要件をすべて満たすときには，ヘッジの有効性の要件も自動的に満足させると考えられるので，改めてヘッジの有効性についての判定を行う必要はない。

金利スワップの特例処理要件

金利スワップの特例処理要件	①　元本の同等性 ②　契約期間・満期の同等性 ③　金利インデックスの同等性 ④　金利改定日・インターバルの同等性 ⑤　受払条件の一定性 ⑥　期限前解約などの相殺性	ヘッジの有効性の要件を自動的に満たすので	有効性の判定は不要
対象外	①売買目的有価証券 ②その他有価証券		

＜設　例＞

(金利スワップの特例処理要件)

次のような取引は，(1)金利スワップの特例処理の要件を満たすか。また，この場合の（X2 年 3 月31日）決算日の処理を行いなさい。(2)通常のヘッジ会計における一連の仕訳（X2 年 9 月まで）の仕訳を示しなさい。

①　当社は，3 月31日を決算日とする法人である。

②　当社は，X1 年10月 1 日に，A銀行から期間 2 年，6 か月 LIBOR ＋0.5%で￥300,000の変動借入れを行った。

③　X1 年10月 1 日に，変動金利を固定金利に変換するために，B銀行との間に想定元本￥300,000の LIBOR ＋0.5%の変動金利を受取り，4 %の固定金利を支払う，期間 2 年間の金利スワップを行った。

なお，借入金の利息支払い，金利スワップの受払いは 3 月末と 9 月末になされる。

④　支払日の 6 か月前の水準の金利が適用される条件となっており，X1 年年10月 1 日の 6 か月 LIBOR は 3 %であり，X2 年 3 月31日は3.5%であった。また，決算日の金利スワップの時価は￥2,500であった。

▶解　答▶▶▷

(1)　この事例では，金利スワップの特例処理の要件を満たし，この処理を適用できる。

（決算日の仕訳）

(借)	支払利息	5,250*1	(貸) 現金預金	5,250
	支払利息	750*2	現金預金	750

＊1　借入金に対するもの

＊2　金利スワップに対するもの

(2)　①　約定日（X1年10月1日）

(借)	現金預金	300,000	(貸) 長期借入金	300,000

②　決算日（X2年3月31日）

(借)	支払利息	5,250	(貸) 現金預金	5,250
	金利スワップ差損	750	現金預金	750
	金利スワップ	2,500	繰延ヘッジ利益	2,500

③　翌日（X2年4月1日）

(借)	繰延ヘッジ利益	2,500	(貸) 金利スワップ	2,500

④　利払日（X2年9月30日）

(借)	支払利息	6,000*3	(貸) 現金預金	6,000

◁◀◀解　説◀

(1)　本件は，負債（借入金）の金利支払条件を変換することを目的とした金利スワップである。

(2)　ヘッジ会計の適用要件を満たしている。

(3)　想定元本と負債との実質的同一性の要件も，次のように満たしている。

① 借入金の元本とスワップの想定元本が¥300,000で一致している。

② 契約期間も2年で一致している。

③ 変動金利のインデックスも6か月LIBORで一致している。

④ 金利改定のインターバルも6か月で同じである。

⑤ スワップの受払条件も一定である。しかも，

⑥ 期限前解約オプションなどがない。

以上の状況から，本件は，金利スワップの特例処理要件を満たす。

*1 5,250＝300,000×（0.03＋0.005）×6月÷12月

*2 750＝300,000×（0.04－0.035）×6月÷12月

X2年3月期の決算では，（5,250＋750＝）¥6,000の利息が支払われる。このことは，結果的に金利を4％で固定したことになる（300,000×0.04×6月÷12月＝6,000）。

このように，この特例処理による場合には，発生基準によって金利スワップの純受払額を認識し，それをヘッジ対象である負債（借入金）の利息に加減する。

*3 6,000＝300,000×（0.035＋0.005）×6月÷12月

なお，金利スワップ差損益は変動金利（0.035＋0.005＝0.04）と固定金利（0.04）が一致するため，生じない。

第9章　ヘッジ会計の中止

1　ヘッジ会計の中止

次の場合には，ヘッジ会計の適用を中止しなければならない（108項）。

① ヘッジ**有効性の評価基準**を**満たさなく**なったとき

② ヘッジ手段が**満期・売却・終了・行使**により**消滅**したとき

ヘッジ会計の中止と終了との関係

〔ヘッジ会計の中止〕

ヘッジ対象 ──────→ 存続
ヘッジ関係 ────→｜ヘッジ関係が存続しなくなった＊
ヘッジ手段 ────→｜- - - - - →

＊① ヘッジの有効性基準を満たさないケース
　② ヘッジ手段の消滅のケース

〔ヘッジ会計の終了〕

ヘッジ対象 ────→｜（存続しなくなった）

ヘッジ会計の適用を止めるとき

ヘッジ会計の適用を止めるとき	ヘッジ会計	中止	ヘッジ会計の要件を満たさなくなった	①有効性の評価基準を満たさなくなったとき	ヘッジ対象	存続
				②ヘッジ手段の消滅		
		終了	ヘッジ対象の消滅			消滅

（注） ヘッジの中止と終了との**処理が異なる**のは，**損益の認識時期をヘッジ対象に合わせる**ためである。

ヘッジ会計の中止の場合には，その時点までの（過去において繰延べられた）**ヘッジ手段の損益や評価差額**は，ヘッジ対象の損益が認識されるまで**繰延べる**。

そして，上記①の場合には，中止**以後のヘッジ手段の損益や評価差額**は，発生した期の**損益**とする。

また，ヘッジ手段が，**利付金融商品**（たとえば，債券や貸付金など）の**金利リスク**（すなわち相場変動やキャッシュ・フロー変動）をヘッジするもので，適用**中止時点まで繰延べられたヘッジ手段の損益や評価差額**は，ヘッジ対象の**満期まで**の期間にわたり**金利の調整**として損益に**配分**する（指針180）。

ヘッジ会計の中止の処理

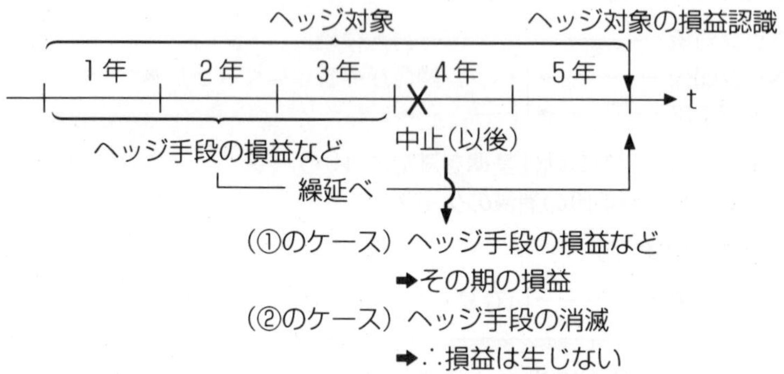

2 ヘッジ会計の中止後の含み益減少による損失の見積計上

前述のようなヘッジ会計の適用を**中止した後**に，ヘッジ対象の含み益が減少することによって，ヘッジ会計の**終了時点**で**重要な損失**が発生するおそれのある場合には，その損失を見積り，**当期の損失**とする（指針182）。

この損失の見積りは，現時点のヘッジ対象の含み益を，繰延べているヘッジ損失の回収可能額とみなして，その回収可能額に対する不足額のうち，ヘッジ会計中止後のヘッジ対象の時価変動相当額を，損失見積額とする。

このような処理がなされる**理由**は，資産計上されている繰延ヘッジ損失に関して，ヘッジ対象の**含み益による裏付け**（相関関係）が**失われた**ときには，そのまま繰延ヘッジ損失を**資産計上**しておくことは**適切ではない**と考えるからである。

ヘッジ会計適用中止後の含み益減少による損失の見積計上

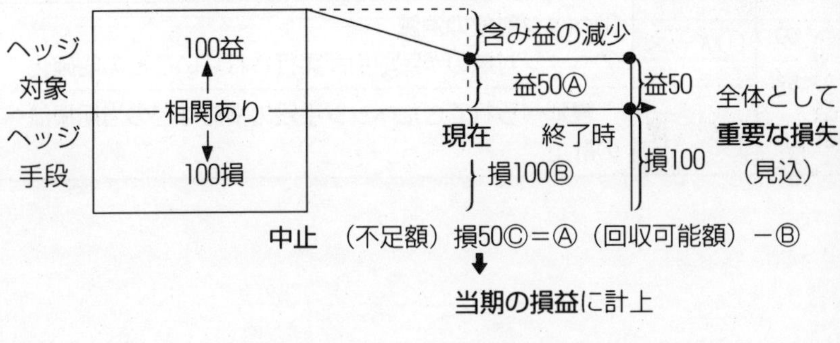

第10章　ヘッジ会計の終了

次の場合には，ヘッジ会計が**終了**し，それまで繰延べられてきた**ヘッジ手段の損益**や**評価差額**は当期の**損益**として処理する（指針181）。

① ヘッジ対象が消滅したとき

② ヘッジ対象である**予定取引**が実行され**ない**ことが**明確**となったとき。

ヘッジ会計の終了

ヘッジ会計の終了	①ケース	①ヘッジ対象の消滅 ②ヘッジ対象の予定取引が実行されないことの明確化
	②処　理	繰延べられてきたヘッジ手段の損益などの当期損益への計上

第１章　複合金融商品の概要
第２章　転 換 社 債
第３章　新株引受権付社債
第４章　その他の複合金融商品

複合金融商品

第5編

第１章　複合金融商品の概要

１　複合金融商品の意義と種類

複合金融商品とは，複数の種類の金融商品（金融資産または金融負債）が組合されているもののことである（意見書Ⅲ，一，１）。

この**種類**としては，**現物**の金融資産・負債と**デリバティブ取引**が組合されたもの（たとえば新株引受権付社債など）と複数のデリバティブ取引が組合されたもの（たとえば，ゼロ・コスト・オプションなど）とがある。

なお，前者において，現物の金融資産・負債に組合されたデリバティブのことを**組込デリバティブ**という。

複合金融商品の意義と種類

複合金融商品	意義	複数種類の金融商品が組合されているもののこと	
	種類	①現物の金融資産などとデリバティブ取引とが組合されたもの（組込デリバティブ）	新株引受権付社債 転換社債 金利オプション付借入金など
		②複数のデリバティブ取引が組合せられたもの	ゼロ・コスト・オプションなど

２　複合金融商品の処理の概要

複合金融商品の処理は，それが**払込資本を増加させる可能性があるか**

否かで，次のように，異なってくる。

(1)　払込資本を増加させる可能性のある部分を含む複合金融商品

これには，**新株引受権付社債**（ワラント債：warrant bond：**W B**：新株を引受ける権利のついた社債のこと）と**転換社債**（convertible bond：**CB**：株式に転換できる社債のこと）とがあり，次のように処理する。なお，詳細は後述する。

① **新株引受権付社債**……発行会社・投資家ともに区分処理

② **転換社債**……発行会社は原則として一体処理であるが，区分処理も可能である。投資家は一体処理する。

(2)　その他の複合金融商品

これらのものは，原則として一体処理する。

ただし，現物の金融資産・負債にリスクが及ぶ可能性があり，かつ評価差額が当期の損益に計上されないときには，区分処理をする。

複合金融商品の処理

<table>
<tr><td rowspan="7">複合金融商品</td><td rowspan="7">払込資本を増加させる可能性</td><td rowspan="4">有</td><td colspan="2">種　　類</td><td>発行会社側</td><td>投資家側</td></tr>
<tr><td colspan="2">新株引受権付社債</td><td>区分処理</td><td>区分処理</td></tr>
<tr><td colspan="2" rowspan="2">転換社債</td><td>一体処理</td><td>一体処理</td></tr>
<tr><td>区分処理も容認</td><td>—</td></tr>
<tr><td rowspan="2">無</td><td>原則</td><td>一体処理</td><td colspan="2">—</td></tr>
<tr><td>例外</td><td>区分処理</td><td colspan="2">現物の金融資産・負債にリスクが及ぶ可能性があり，かつ評価差額が損益計上されないとき</td></tr>
</table>

第2章　転 換 社 債

1　転換社債の意義

転換社債（convertible bond：**CB**）とは，株式へ転換できる権利（**転換権**）のついている社債のことである。

2　転換社債の処理方法（発行者側）

(1)　処 理 方 法

転換社債の発行者側の会計処理には，次の二つのものがある。

転換社債の処理方法

処理方法	内　　容
①一体処理法	発行価額を，社債と株式転換権の部分に区別せず，普通社債の発行と同様に処理する方法
②区分処理法	発行価額を，新株引受権付社債と同様に，社債と株式転換権の部分に区分して処理する方法

基準では，どちらの処理法も認めている（基準六，一，2，(1)）。

(2)　一 体 処 理 法

一体処理法による場合には，次のように処理する。

①　発　　行　　時

転換社債の発行時には，発行価額を社債と株式転換権とに区分せずに，券面額で転換社債を計上するとともに，割引発行の際には，社債の対価と券面総額との差額は社債発行差金として処理する。

② 転　換　時

転換権の行使に伴って，転換社債を株式に転換したときには，その分の転換社債を減少させ，資本金（および株式払込剰余金）を増加させる。

なお，必要な場合には，社債発行差金の未償却分の消去を行う。

③ 償　還　時

転換社債の償還のときには，その分の転換社債を減少させる。

＜設例１＞

（転換社債：発行者例：一体処理法）

次の資料に基づいて，転換社債についての仕訳を行いなさい（一体処理法）。

① 当社は３月31日を決算日とする法人であり，X5年４月１日に次の条件で転換社債を発行し，全額払込みを受け，当座預金とした。

発行総額￥200,000，額面発行，年利５％（年１回後払い），償還期限３年，転換価額￥100（１口当たりの社債額面￥100の転換によって発行する１株の発行価額），ただし，発行価額のうち商法規定の最小限度（1/2）の資本組入れとする。

② 当社が同じ利子率（５％）で普通社債を発行すると仮定した場合には，発行総額は￥197,000（割引発行）となる。

なお，社債発行差金は，償還期間にわたり定額法により償却する。

③ X7年３月31日に額面￥100,000についてのみ転換請求があり，新株を発行した。

▶解　答▶▶▷

(一体処理法)

摘　　要	借　　　　方	貸　　　　方
①X5年4月1日	当座預金 200,000	転換社債 200,000*1
②X6年3月31日	社債利息 10,000*2	現金預金 10,000
③X7年3月31日	社債利息 10,000 転換社債 100,000	現金預金 10,000 資本金 50,000 株式払込剰余金 50,000*3
④X8年3月31日	社債利息 5,000*4 転換社債 100,000*5	現金預金 5,000 現金預金 100,000

◁◀◀解　説◀

＊1　「社債」勘定ではなく,「転換社債」勘定を用いること。

＊2　10,000＝200,000×0.05

＊3　1/2を資本金としない。「資本準備金」勘定でもよい。

＊4　5,000＝100,000×0.05

＊5　100,000＝200,000－100,000

(3)　区分処理法

区分処理法による場合には，次のように処理する（指針187)。

①　発　行　時

転換社債の発行時に，**発行価額**を**社債**と**株式転換権**の対価に分け，社債の対価と券面総額との差額は**社債発行差金**とし，株式転換権の対価は**株式転換権**として**流動負債**とする。

② 転　　換　　時

株式への転換がなされたときには，転換分の**株式転換権**と**社債金額**に**社債発行差金の未償却残高**を加減した額を**資本金**および**資本準備金**に**振替える**。

③　期間満了時

転換権が行使されずに，転換請求権の請求**期間が満了**したときには，行使されなかった部分は，原則として**特別利益**（**株式転換権戻入益**）とする。

＜設例２＞

（転換社債：発行者側：区分処理法）

前記１の資料のうち「一体処理法」を「区分処理法」と変更した場合，どのような処理になるか。

▶解　答▶▶▷

（区分処理法）

摘　　要	借　　　方		貸　　　方	
①X5年4月1日	当　座　預　金	200,000	転　換　社　債	200,000
	社債発行差金	3,000*[1]	株　式　転　換　権	3,000*[2]
②X6年3月31日	社　債　利　息	10,000	現　金　預　金	10,000
	社債発行差金償却	1,000*[3]	社債発行差金	1,000
③X7年3月31日	社　債　利　息	10,000	現　金　預　金	10,000
	社債発行差金償却	1,000	社債発行差金	1,000
	転　換　社　債	100,000	資　本　金	50,500*[5]
	株　式　転　換　権	1,500*[4]	株式払込剰余金	50,500
			社債発行差金	500*[6]

第2章　転換社債

④X8年3月31日	社債利息 5,000 社債発行差金償却 500*7 転換社債 100,000 株式転換権 1,500*8	現金預金 5,000 社債発行差金 500 現金預金 100,000 株式転換権戻入 1,500*9

◁◀◀解　説◀

＊1　3,000＝200,000－197,000　区分処理する。

＊2　株式転換権という負債を計上する。

＊3　1,000＝3,000×1年÷3年

＊4　1,500＝3,000×100,000÷200,000

＊5　50,500＝（100,000＋1,500－500）×1/2

＊6　転換社債の転換部分の未償却分を償却する。

＊7　500＝1,000×1/2

＊8　1,500＝3,000－1,500

＊9　株式転換権戻入（益）という特例利益に計上する。

3　転換社債の処理方法（取得者側）

転換社債を取得する場合には，次のような処理がなされる。

①　取　得　時

転換社債を取得したときには，その取得価額は，社債の対価部分と株式転換権のそれとに**区分せずに**，**普通社債に準じて処理**をする。

②　転　換　時

転換権を行使して，社債を株式に転換したときには，転換社債を株式に振替える（基準法六，一，2(2))。

第３章　新株引受権付社債

1　新株引受権付社債の処理（発行者側）

新株引受権付社債（**WB**）を発行した企業は，**新株引受権部分**（資本金を増加させる可能性のある部分）と**社債部分**（新株引受権以外の部分）とを**区分して処理**（**区分処理法**）する（指針186）。

すなわち，権利の行使が行われるか否かが確定するまでの間は**仮勘定**として**新株引受権勘定**（負債）で処理しておき，それが**行使された**ときには，株式発行の対価として新株引受権は**資本準備金**に振替える。それが行使され**ない**ときは，**新株引受権戻入**（**益**）（特別利益）に振替える。

以上の関係をまとめると，次のとおりである。

摘　要	処理（発行者側：区分処理法）
①発行時	その発行価額を社債の対価と新株引受権の対価部分とに分ける （借）○　○　○　×××　（貸）社　　債　××× 　　社債発行差金　×××*1　　新株引受権　×××*2 ＊1　繰延資産で償還期限にわたり定額法で償却 ＊2　仮勘定としての性格の流動負債
②権　利行使時	権利の行使が行われ，払込みが行われたときに，それに対応して資本金（および資本準備金（株式払込剰余金））を増加させると同時に，行使部分に対応する新株引受権を資本準備金に振替える。 （借）○　○　○　×××　（貸）資　本　金　××× 　　　　　　　　　　　　　（資本準備金　×××）*1 （借）新株引受権　×××*2　（貸）資本準備金　×××*3 ＊1　発行価額の全額が資本金へ組入れられないとき ＊2　権利行使部分だけ減少させる ＊3　資本準備金を増加させる
③利払時	（借）社債利息　×××　（貸）○　○　○　×××
④決算時	社債発行差金や社債発行費の償却を行う。 （借）社債発行差金償却　×××　（貸）社債発行差金　××× 　（社債発行費償却　×××）　（社債発行費　×××） また，未払社債利息があるときには，その計上を行う。 （借）社債利息　×××　（貸）未払費用　×××
⑤行使期間満了時	行使期間の満了時に，新株引受権を新株引受権戻入（益）（特別利益）に振替える。 （借）新株引受権　×××　（貸）新株引受権戻入（益）　×××
⑥社　債償還時	社債を減少させる。 （なお，利息の支払いや社債発行差金の償却など必要な処理も同時に行う） （借）社　　債　×××　（貸）○　○　○　×××

―＜設例１＞―

（新株引受権付社債：発行者側（区分処理法））

次の条件で新株引受権付社債を発行した。次の一連の償還までの仕訳を示しなさい。

(1) 当社は３月31日を決算とする法人であり，X5 年 ４ 月１日に次の条件で新株引受権付社債を額面で発行し，全額当座預金に入金した。なお，社債発行差金は，償還期間に均等償却する。社債発行総額￥500,000，発行価格@￥96，新株引受権証券@￥４，償還期限２年，利率年３％（年１回後払い）

(2) X6 年３月31日に新株引受権の60%が行使される。なお，資本組入額は発行価額の1/2とする。また，利息の支払いや償却の処理も行う。

(3) X7 年３月31日上記社債の償還を行う。

▶解　答▶▶▷

(1) 発行時

(借) 当座預金	500,000	(貸) 社債	500,000
社債発行差金	20,000*1	新株引受権	20,000*2

(2) 期末処理と権利行使

ⓐ **期末処理**

(借) 社債利息	15,000*3	(貸) 現金預金	15,000
(借) 社債発行差金償却	10,000*4	(貸) 社債発行差金	10,000

ⓑ **権利行使**

(借) 現金預金	300,000*5	(貸) 資本金	150,000*6
		資本準備金	150,000
(借) 新株引受権	12,000*7	(貸) 資本準備金	12,000

(3)　償還時

(借)	社債利息	15,000	(貸) 現金預金	15,000
	社債発行差金償却	10,000	社債発行差金	10,000
	社債	500,000	現金預金	500,000
	新株引受権	8,000*8	新株引受権戻入(益)	8,000

◁◀◀解　説◀

＊1　20,000＝500,000－480,000

＊2　仮勘定として負債に計上

＊3　15,000＝500,000×0.03×1年

＊4　10,000＝20,000×1年÷2年

＊5　300,000＝500,000×0.6

＊6　150,000＝300,000×1/2

＊7　12,000＝20,000×0.6　権利行使が行われた部分の新株引受権を資本準備金に振替える。

＊8　8,000＝20,000－12,000

2　新株引受権付社債の処理（取得者側）

新株引受権付社債を取得した企業は，発行者側と同様に，新株引受権部分と社債部分とに**区分**して処理する（**区分処理法**）。

すなわち，新株引受権の対価部分は**新株引受権**として**資産**に計上する。

そして権利を**行使し**，払込みを行ったときには，新株引受権を**株式**に振替える。

また，権利を**行使せず**に行使期限が到来したときには，**損失**として処理する（基準六，一，1，(2)）。

以上の関係をまとめると，次のとおりである。

摘　要	処理（取得者側：区分処理法）
①取得時	取得価額を社債（有価証券）と新株引受権とに区分して資産計上する。 （借）**有価証券(社債)** *1　×××　（貸）○　○　○　××× 　　**新 株 引 受 権** *2　××× ＊1　社債という有価証券（金融商品）の取得 ＊2　**新株引受権証券**は別計上（区分処理）する。これは，通常，売買目的有価証券として時価評価する。
②利　息 受取時	（借）（現金預金）　××× *1　（貸）**有価証券利息**　××× *3 　　**有価証券(社債)** ××× *2 ＊1　利息の受取り額を計上する ＊2　社債（有価証券）の低額取得について，その取得価額と券面額との差額を毎期償却し，利息として計上する ＊3　手取り部分と，社債発行差金の償却に相当する部分の合計額
③期　末	新株引受権証券に市場価格がある場合に時価評価し，有価証券評価損益を計上する。 （前提：売買目的有価証券として保有し，時価上昇時） （借）**新 株 引 受 権**　×××　（貸）**有価証券評価益**　××× （前提：売買目的有価証券として保有し，時価下落時） （借）**有価証券評価損**　×××　（貸）**新 株 引 受 権**　×××
④権　利 行使時	権利行使時に，新株引受権を株式に振替える。 （借）**有価証券(株式)**　×××　（貸）（現 金 預 金）　××× **新 株 引 受 権**　×××
⑥行使期 限到来 時	行使期限が到来したときには，権利が消滅するので，損失に振替える。 （借）**新株引受権消滅損**　×××　（貸）**新 株 引 受 権**　×××

＜設例２＞

（新株引受権付社債：取得者側（区分処理法））

次のような状況の新株引受権付社債を取得した。

次の一連の仕訳を示しなさい。

(1)　当社は，3月31日を決算日とする法人であり，X5年4月1日に，次のような条件で新株引受権付社債を取得し，全額当座預金から支払った。

社債券面総額￥500,000，発行価額@￥96，新株引受権証券@￥4，償還期限2年，利率年3％（年1回後払い）

なお，新株引受権証券を売買的有価証券として，また社債部分は満期保有債券として取得した。また，社債の取得価額と券面額との差額は，定額法で償却する。

(2)　X6年3月31日に新株引受権の60％を行使し，￥300,000の払込み（当座預金より）を行った。また，新株引受権の（期末）時価は@￥5となっている。

(3)　X7年3月31日に上記社債の償還期日が到来し，償還を受け，代金は全額当座預金とした。

▶解　答▶▶▷

(1)　取得時

（借）	投資有価証券	480,000[*1]	（貸）当座預金	500,000
	新株引受権	20,000[*2]		

(2)　期末時

（借）	現金預金	15,000[*3]	（貸）有価証券利息	25,000[*5]
	投資有価証券	10,000[*4]		
（借）	有価証券	312,000	（貸）当座預金	300,000
			新株引受権	12,000[*6]

(借)	新株引受権	2,000	(貸) 有価評券評価益	2,000*7

(3)　償還時

(借)	現金預金	15,000	(貸) 有価証券利息	25,000
	投資有価証券	10,000		
	当座預金	500,000	投資有価証券	500,000
	新株引受権消滅損	10,000*8	新株引受権	10,000

◁◀◀解　説◀

＊1　満期保有目的債券として取得している。

480,000＝500,000×96÷100

＊2　新株引受権証券として区分処理する。なお，売買目的有価証券として取得している。

20,000＝500,000×4÷100

＊3　利息（3％）の受取り。

15,000＝500,000×0.03×1年

＊4　社債の取得価額と券面額の差額を，毎期償却し，利息として計上する。

10,000＝20,000×1年÷2年

＊5　手取りと償却分の双方の合計額も計上する。

＊6　12,000＝20,000×0.6　　時価評価前の取得原価で有価証券（株式）に振替える。

＊7　$2,000 = (500,000 - 300,000) \times \left(\frac{5}{100} - \frac{4}{100}\right)$

＊8　未行使部分の権利を損失に計上する。

10,000＝20,000－12,000＋2,000

第４章　その他の複合金融商品

1　その他の複合金融商品の処理

その他の複合金融商品とは，払込資本を増加させる可能性のない複合金融商品のことである。

これの**処理**は，**原則**として，それを構成する個々の金融資産・負債に区分せずに，**一体**のものとして**処理**する（**一体処理法**）（基準第六，二）。

このような処理がなされる理由は，複合金融商品からもたらされる**キャッシュ・フローは，純額**（net amount）**で発生**するので，資金の運用や調達の**実態**を財務諸表に適切に反映させるためには，一体処理が合理的であると考えるからである（意見書Ⅲ，七，2）。

ただし，**例外**として，**現物**の金融資産・負債に**組込デリバティブ**（後出）の**リスクが及ぶ可能性**があり，かつ評価差額が当期の**損益に反映されない**ときには，区分して処理をする（**区分処理法**）。これによりデリバティブの評価差額は，当期の損益となる。

● その他の複合金融商品の処理 ●

<table>
<tr><td rowspan="6">その他の複合金融商品</td><td colspan="3">特徴</td><td>資本金を増加させる可能性のない複合金融商品であること</td></tr>
<tr><td rowspan="5">処理</td><td rowspan="2" colspan="2">原則</td><td>(キャッシュ・フローは純額で生じるので)</td></tr>
<tr><td>一体処理法</td></tr>
<tr><td rowspan="3">例外</td><td colspan="2">区分処理法</td></tr>
<tr><td rowspan="2">条件</td><td>(組込デリバティブ)</td></tr>
<tr><td>①現物の金融資産などにリスクが及ぶ可能性があること
②評価差額が損益に反映されないこと</td></tr>
</table>

2 組込デリバティブ

組込デリバティブ（くみこみ）とは，現物の金融資産・負債と組合されたデリバティブのことであるが，これは，次のすべての**要件を満**たしたとき，組込対象の金融資産・負債と**区分**（**区分処理法**）して**時価評価**し，当期の**損益**として処理する。なお，組込デリバティブの対象である現物の金融資産・負債も本基準により処理する。

● 組込デリバティブの区分処理の3要件 ●

組込デリバティブの区分処理の3要件	①組込デリバティブの**リスク**が**現物**の金融資産・負債に**及ぶ**可能性があること
	②組込デリバティブが**デリバティブの特徴**（三つの要件）を満たすこと
	③その複合金融商品の時価評価差額が当期の**損益**に反映されていないこと

上記要件①は，たとえば，利付金融資産・負債のケースでは，ⓐ**金融資産の当初元本が減少**する可能性がある場合や，ⓑ**金融負債の当初元本が増加**したり，あるいは金利が契約当初の市場金利の2倍以上になる可

能性がある場合などのことである。

なお，前記要件①の例（**組込デリバティブのリスクが現物の金融資産・負債に及ぶ可能性のある例**）としては，次のようなものがある（指針191)。

組込デリバティブのリスクが現物の金融資産・負債に及ぶ可能性のある例	
	①預金・債券・貸付金などに，次のようなデリバティブが組込まれたもの ⓐ元利が株式相場や指数に連動するもの ⓑ元利が現物商品相場や指数に連動するもの ⓒ元利が外国為替相場に連動するもの ⓓクレジット・デリバティブやウェザー・デリバティブ
	②他社株転換社債
	③預金・債券・貸付金などの中に，金利についてのデリバティブで受取利息がマイナスとなる可能性があるもの
	④重要な損失をもたらす行使価格のついた期前償還権利債券など

そして，**区分処理した組込デリバティブ**の**損益**や**評価差額**は，組込まれた金融資産・負債から生じる損益とは**区分**して**表示**する。

なお，組込デリバティブを**区別して測定できない場合には**，その複合金融商品**全体**を**時価評価**し，**評価差額**を**当期の損金**として処理する。

＜設例１＞

（組込デリバティブ：区分処理法）

次の取引の一連の仕訳を区分処理法により行いなさい。

(1)　当社は３月31日を決算日とする法人であり，次のような条件で，X5年10月１日に，通貨オプション付定期預金（１年間）を設定した。

なお，この預金は，通貨オプションの価値変動により元本の返済額が設定額を下回る可能性がある。

預金額￥200,000，利率年５％（年１回後払い。なお，これに含まれる売建オプション・プレミアム相当額は１年間で￥5,000と仮定する）

満期払戻金額

ケース①米ドル為替レートが100円以上のとき：¥200,000

②米ドル為替レートが100円未満のとき：

$$¥200{,}000-¥200{,}000\times\frac{(100-\text{満期日の米ドル為替レート})}{100}$$

(2) 通貨オプションの価値と為替レート

① X5年9月30日における通貨オプションの価値＝¥5,000（仮定）

② X6年3月31日における通貨オプションの価値＝¥20,000（仮定）

③ X6年9月30日における為替レート：US＄1＝¥90

▶解　答▶▶▷

(1) 預金時

(借) 定期預金	200,000	(貸) 現金預金	200,000
未収入金	5,000	売建通貨オプション	5,000*[1]

(2) 期末時

(借) 為替差損	15,000*[2]	(貸) 売建通貨オプション	15,000
未収利息	2,500	受取利息	2,500*[3]

(3) 満期時

(借) 現金預金	190,000*[4]	(貸) 定期預金	200,000
売建通貨オプション	20,000	未収利息	2,500
		未収入金	5,000
		受取利息	2,500*[5]

◁◀◀解　説◀

＊1　通貨オプションの価値を計上する。これは本来，1年後における¥5,000の現在価値であるが，ここでは簡便的に¥5,000とした。

＊2　通貨オプションの損益計上額＝(期末)オプション時価－当初オプション価値

15,000＝20,000－5,000

＊3　2,500＝（200,000×0.05－5,000*）×6月÷12月

（*売建オプション料未収計上額）

＊4　190,000＝180,000* ＋10,000**

＊　預金払戻額（180,000）＝200,000－$\frac{200{,}000\times(100-90)}{100}$

＊＊　満期日(名目)約定利息＝

実質受取利息＋売建オプション料相当額

10,000＝200,000×0.05

＊5　受取利息（2,500）＝10,000－5,000*－2,500**

＊　売建オプション料未収入金

＊＊　期末未収利息計上額

＜設例2＞

（組込デリバティブ：一体処理法）

前記設例1の「区分処理法」を「一体処理法」と変更した場合，どのような処理になるか。

▶解　答▶▶▷

(一括処理法)

(1)　預金時

(借)	定期預金	200,000	(貸)	現金預金	200,000

(2)　期末時

(借)	未収利息	5,000	(貸)	受取利息	5,000*1

(3)　満期時

(借)	現金預金	190,000*2	(貸)	定期預金	200,000
	為替差損	20,000*3		未収利息	5,000
				受取利息	5,000*4

◁◀◀解　説◀

＊1　5,000＝200,000×0.05×6月÷12月

＊2　190,000＝180,000＋10,000

＊3　20,000＝（200,000－180,000*）

　　　＊180,000＝200,000×90÷100

＊4　5,000＝200,000×0.05×6月÷12月

参考文献

伊藤眞他編『Q＆A金融商品会計』税務経理協会　2000年９月

伊藤眞他編『Q＆A金融商品会計の実務』清文社　2000年９月

岩崎勇『すぐわかる税効果会計』一橋出版　1999年12月

――『すぐわかる会計ビッグ・バン』一橋出版　2000年４月

――『基本財務諸表論』中央経済社　2000年５月

――『勘定科目と仕訳の基礎』税務経理協会　2000年12月

大塚宗春他「金融商品会計」『税経セミナー』税務経理協会　2000年10月臨時増刊

会計制度委員会『金融商品会計に関する実務指針（中間報告）』(会計制度委員会報告第14号）日本公認会計士協会　2000年１月

会計制度委員会『金融商品会計に関するQ＆A』日本公認会計士協会　2000年９月

企業財務制度研究会訳『現在価値』中央経済社　1999年11月

企業会計審議会『金融商品に係る会計基準の設定に関する意見書』1999年１月

――『金融商品に係る会計基準』1999年１月

税務経理協会編『学習用携帯版 会計諸則集』税務経理協会　2000年10月

田中建二『時価会計入門』中央経済社　1999年８月

東京リサーチインターナショナル編『新しい金融商品の会計Q＆A上･下』東京リサーチインターナショナル　2000年４月

日本経済新聞　2000年12月14日朝刊

日本公認会計士協会編『金融商品会計』(範囲等・ヘッジ会計）日本公認会計士協会　2000年９月

――『金融商品会計・外貨建取引の実務』税務研究会出版局　2000年８月
――『外貨建取引等の会計』日本公認会計士協会　2001年１月
松井泰則『新会計基準解説Ａ to Ｚ』一橋出版　2000年12月
横山良和『時価評価における会計処理と表示』（税経セミナー３月別冊付録）税務経理協会　2001年３月号

索　引

索引

著　者　紹　介

岩崎　　勇（いわさき・いさむ）

〔略　　歴〕
昭和60年　明治大学大学院経営学研究科博士課程修了
　　同年　富士短期大学専任講師
　　　　　明治大学非常勤講師
　　63年　富士短期大学助教授
平成7年　富士短期大学教授
〔主要著書〕
「基本財務諸表論」,「簿記会計学習ハンドブック」(共著)(以上, 中央経済社),「国際会計基準と企業経営入門」,「法人税法の解説」,「教科書・原価計算」,「教科書・工業簿記」,「すぐわかる会計ビッグ・バン」,「すぐわかる税効果会計」,「経営」(共著)(以上, 一橋出版),「入門簿記」,「入門簿記II」,「勘定科目と仕訳の基礎」(以上, 税務経理協会),「国際会計基準精説」(共著)(白桃書房) など多数。

著者との契約により検印省略

平成13年4月5日　初版発行

図解＋設例でわかる
金融商品会計入門

著　　者	岩　崎　　勇
発 行 者	大　坪　嘉　春
整 版 所	松澤印刷株式会社
印 刷 所	税経印刷株式会社
製 本 所	株式会社三森製本所

発行所　東京都新宿区下落合2丁目5番13号　株式会社 **税務経理協会**
郵便番号 161-0033
振替 00190-2-187408　電話 (03) 3953-3301（大代表）
FAX (03) 3565-3391　(03) 3953-3325（営業代表）
URL http://www.zeikei.co.jp/
乱丁・落丁の場合はお取替えいたします。

ISBN4-419-03755-5　C1063